柏木 新

戦争と演芸

“笑い”は嫌われ、“泣き”も止められ

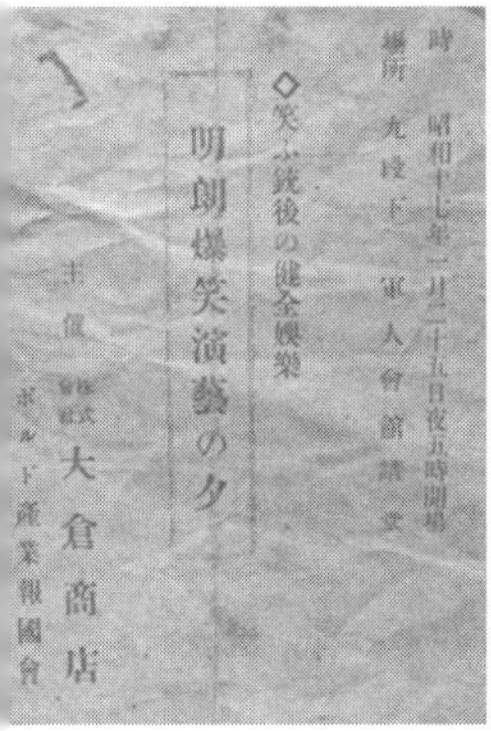
時 昭和十七年一月二十五日夜五時開場
場所 九段下 軍人會館講堂
◇笑ふ銃後の健全娯楽
明朗爆笑演藝の夕
主催 株式会社大倉商店
ボルト産業報國會

あけび書房

はじめに

「新しい戦前」といわれる。二〇二二年十二月のテレビ朝日の「徹子の部屋」に出演したタモリの発言である。その気分は多くの人も感じていたのだろう。ひろく話題になった。

いま、ロシアのウクライナ侵略や北朝鮮の核・ミサイル開発などを口実に「軍事対軍事」を煽る論調が強められ、敵基地攻撃能力の保有が声高に言われている。敵基地攻撃とは、相手国から見ると先制攻撃となり、日本が侵略者となる。敵基地攻撃能力の保有は、日本を戦争に巻き込む危険がある。

日本を戦場にしない平和外交こそ重要となっているが、政治の世界では、それに逆行して防衛費（軍事費）四十三兆円の大軍拡をおしすすめている。その一方で物価高、低賃金、社会保障費の切り捨てなど、国民生活は目に見えて疲弊、破壊されつつある。

その動きは日本が侵略戦争をしていた時代――一九三一年の満州事変（中国東北部への戦争）、一九三七年の日中戦争（中国への全面戦争）、そしてアジア太平洋戦争の時代を想起させる。もちろん、戦前の日本といまの日本は同じではないが、「戦争できる日本」にする動きは、あらたな戦争を生み出す危険がある。「新しい戦前」はけっしてありえない事ではない。

かつての時代、日本は国民を戦争遂行に総動員するために、反対する勢力を徹底して弾圧する一方、国民の意識を戦争賛美で覆いつくす重要な仕掛けとして、ラジオ・新聞・雑誌などメディアを大いに利用した。

映画、演劇、文学、美術、音楽などあらゆる「文化」が協力させられた。協力した側の問題はもちろんあったが、政府・軍部の圧力は、抗する力など何ほどのこともなくした。戦争とは結びつかないような演芸の世界も、自粛が強要され、戦争協力につながる演目をつくるように指導され、自らもそれに応じた。被害者であるとともに加害者となってしまった。

落語の世界では、「禁演落語五十三種」として、時節柄ふさわしくないということで「遊郭、妾、不義・好色」など五十三種（演目）を高座で演じないように「自粛」した。そして、国民がどのように戦争に協力したらよいかをテーマにした新作落語すなわち国策落語を要請され、落語界は総じてこれに応じ、高座で演じた。

この落語の歴史の負の遺産ともいえる国策落語について、私は四年前、『国策落語はこうして作られ消えた』（二〇二〇年二月、本の泉社）を出版した。その際、読んでくださった方々から、「浪曲、講談、漫才、漫談はどうだったのか」の質問を受けた。

落語だけでなく、愛国浪曲、国策漫才なども含め戦前の演芸界全般の分析を行うことは、戦前の演芸の世界をとおしていかに国民が戦争に総動員されていったかのメカニズムを知ることができると思い、本書を書いた。調べて見ると、これまで知られていなかった事実がわかり、噺家（落語家）、浪曲師、講釈師、漫才師、作家たちの、善意の人々が戦争に大きく巻き込まれ、また自ら加担していった恐ろしさを痛感させられた。

あの時代といまの日本は同じではないとはいえ、昨今のテレビ・ラジオ、新聞、インターネットなどを見ていると、「軍事対軍事」の論調が目に余り、日本を戦場にしてしまうような、大軍拡もやむなしに染まっているように思われる。国民意識を戦争賛美に導き、国民を戦争に総動員した戦前に似ていると感じるのは私だけではないように思う。

「新しい戦前」にしてはならない。本書がその一助になればと願っている。

引用などで今日から見ると不適切な表現も出てくるが時代背景を考慮いただき、ご了解を願いたい。演目の内容紹介で本文と資料で重なるものがあることもお断りしておく。

戦争と演芸 〝笑い〟は嫌われ、〝泣き〟も止められ ✺ 目次

戦争と演芸

〝笑い〟は奪われ、〝泣き〟も止められ

第一章 〝笑い〟を嫌った戦争

（一） 禁演落語の真相

衝撃を与えた吉本爆笑演芸大会への取り締まり

一九四〇年八月三日、東京・上野の鈴本亭（現鈴本演芸場）で、講談落語協会の総会が開かれた。おっかない顔をした六代目一龍斎貞山が真ん中にどかっと座っていた。八代目桂文治、八代目桂文楽、六代目春風亭柳橋、五代目古今亭志ん生などの顔もある。みんな緊張した顔つきだ。

総会が始まる前に、誰彼となく、二日前の出来事が話題となった。

一九四〇年八月一日初演ではじまろうとしていた有楽座の吉本爆笑演芸大会の柳家金語楼

主演「花婿三重奏」が突如、警視庁保安部から中止にさせられたのだ。

理由は、「花婿三重奏」が、やもめ同士の恋愛から発展して、その息子と娘たちあわせた三人組が温泉でめぐりあい、「やあやあ」と三重奏になるというものだが、恋愛が前面にでており、「時局認識を欠く」ということであった。

政府・軍部は、戦争に反対することや、体制批判とあわせて国民が戦争を忌避したり、いっときでも忘れるような時局認識を欠くことを極端に恐れていた。特高警察（特別高等警察）の総元締である内務省警保局保安課による検閲においては、国家体制批判などの「安寧秩序紊乱《あんねいちつじょびんらん》」と「風俗壊乱」の防止の二つが柱であった。

とくに演劇、映画、演芸などでの「恋とか愛」、男女のあれこれなど、風俗に関する事柄を異常なくらい、敵視していた。


「やっぱり恋愛物は鬼門だね」

「金語楼さんもとんだ災難だ」

「警視庁から言われたのは初日直前だそうだ」

「有楽座は大慌だよ。それも自発的に取りやめろということだったらしい」

有楽座では、逆らうわけにもいかず、名目は自主的意思として、急遽、爆笑大悲劇「倅は生きている」一幕五景に変えることにした。

落語家たちが持ってきた「都新聞」八月一日付と、「東京朝日新聞」八月二日付には衝撃的なタイトルの記事が掲載されていた。

「都新聞」のタイトルは「笑えぬ喜劇界　じゃんじゃん検閲強化」、「東京朝日新聞」は「笑劇界に鉄槌　益々取締る警視庁当局」となっている。

「東京朝日新聞」1940年8月2日付
笑劇界に鉄槌
益々取締る
警視庁当局
「都新聞」1940年8月1日付
笑へぬ喜劇界
じやんじやん検閲強化

〝笑い〟を取り締まる警察庁の記事

新聞記事では、「当局の方針としては新体制と歩調を合わせて健全性のない無意味な笑い時局に便乗した際物を禁止する」(「都新聞」)、「今後も浮薄な風俗を生み出す温床となる興業物はどしどし取締まる方針とあり、笑劇界には正に大恐怖の時期が到来したわけである」(「東京朝日新聞」)となっている。

講談落語協会の総会では、戦争遂行の為に落語界としても自粛をどうするのかが論議となった。政府や軍部からは、「講談や浪曲はそれなりの役割を発揮しているのに、落語はなんだ」、「自粛の姿勢を示せ」「戦争遂行に協力しろ」と強要されていたのである。

総会では、「遊郭や妾、好色、不義、卑猥等の口演を自粛すべきでないか」という声が大きくなった。そこでまず、寄席で演じている落語一つひとつの内容を調べ、高座にかけて良いもの、悪いものを分類しようということになった。

落語の演目を甲乙丙丁の四段階に分類

「船頭多くして何とやら、ただガヤガヤ騒いでいても仕方がない」ので、講談落語協会会長で講談協会頭取の六代目一龍齋貞山、噺家の八代目桂文治、桂小文治、三代目春風亭柳好、鈴本席主、人形町と新宿の末廣の席主、それに講談落語協会顧問の野村無名庵《むめいあん》が調べることにした。

落語研究会顧問の今村信雄、東宝名人会顧問の森暁紅《ぎょうこう》、小噺を作る会会長の鈴木凸太なども協力した。

それにもとづき、八月十二日に再び鈴本亭に集まり、野村無名庵を司会者に、落語の演目を甲乙丙丁の四段階に分類した結果を発表した。

新聞報道（*1）によると、この時、対象になった落語は三百八十二種（演目）。甲は「時局的に優良又は無難なもの」八十四種、乙は「多少の改修を加えれば甲に準すべきもの」百七十八種、丙は「欠点多きもの」七十一種、丁「全然、口演の資格なきもの」四十九種となっている。

「甲」に入っている演目は、「芝浜」「佃祭」「天災」「永代橋」「南瓜屋」「三味線栗毛」「松山鏡」「茗荷屋」「淀五郎」「茶碗邸」「大仏餅」「甲府い」等、教訓を含めるものや、「寿限無」のような滑稽本位で無難なものとなっている。

「丁」は、「五人廻し」「明烏」「二階素見（二階ぞめき）」、「居残り」「早桶屋」「とんちき」「廓大学」など遊郭に関した話、「星野屋」「お文様」「権助提灯」の如く妾を扱ったもの、「風呂敷」「包丁」「紙入れ」「引越の夢」「つるつる」「氏子中」など、不義、好色の話などとなっている（なお、「お文様」「風呂敷」は最終決定した五十三種には入っていない）。

上、中、下にわかれている『子別れ』は、上が丁種、中が乙種、下が甲種となっている。有名な『文七元結』も筋は申分ないが、孝女お久が吉原の妓楼へ身売りする件があり、甲種には合格しなかった。

桂文治は次のように語っている。

「いゝ話でも部分的に悪い所のあるものは精々改修し、改修不能の物は惜しくも諦めて棄て、国策に協力するのが日本人として又落語家としての責務でございませう。先夜もラジオで『鰍澤』を放送致しましたが、月の輪のお熊を吉原の遊女上りとせず、弁天山茶見世女《ちゃみせおんな》に直した様な次第です、何と云っても満点の落語は『芝浜の革財布』が第一でせう」（＊2）

禁演落語は淫風・卑猥な噺ではなかった

六代目春風亭柳橋も「この直せる部分は、今後皆で研究して直して見たいと思ひます。たとえば親のエロ事件（そうではなかった――引用者）を脅迫して、小遣をせびる『初天神』なぞは、その親のエロ事件といふ原因を外のものに置き換えればよろしいかと思はれます。『漆もつとい』なぞはいゝ話ですが、世界が吉原だからといふので、乙の部へ入れました。これは、吉原でなくても話の本筋に変わりはないと思はれますから、何とか外の世界へ持つて行く工風がつきませう。『羽織』なども女郎買ひに行くことにしなければ、面白い話として生れ更る筈です」（＊3）と述べている。

禁演落語五十三種に入っていないが、似たような落語もある。遊郭が出て来る噺もまだまだある。当時の落語家は五十三の演目を禁じられただけでなく、他の演目も神経をつかって演じていたのである。

正式決定は一九四〇年九月十三日上野の鈴本席での総会。ここで禁演落語を正式に決定、十四日に警視庁に届けを提出した。この時、検討された演目数は一九四〇年九月十四日付

「讀賣新聞」夕刊によると、さらに増え四百二十種となり、甲は二百六種、乙は百十四種、丙は四十八種、丁は五十二種となっている。

禁演落語は五十三種として知られているが、九月十三日に総会で決定したのは五十二種である。その後、一つ増え五十三種となった。

発表だけでは落語界も戦争遂行のために自粛していますとのアピール度が弱いこと、また落語家の本音としては禁演落語の多くは名作でもあり、ここは一つ、落語家一流の「しゃれ」で、葬るならきちんとお墓をつくろうと、翌年、浅草の本法寺に「はなし塚」を建立した（現存している）。

「禁演落語 53 種」を葬った「はなし塚」
（浅草・本法寺）

禁演落語は、いわゆる「艶笑落語」（バレ噺）とは違う。「艶笑落語」は寄席で演じられる噺ではなく、「ここだけ」という形で〝お座敷ばなし〟としてひそかに語られる噺だが、禁演落語は基本的に寄席で演じられていた噺からの選定であった。

禁演した五十三の落語は、「目薬」に？　がつくほどで、けっして禁演するほどエロでもグロでもない。

禁演落語に直接携わり、「はなし塚」の裏面に発起人の一人として彫られている落語研究会顧問の今村信雄は、戦後直後、「禁演落語五十三種は余り大したものではない。只遊郭を扱つたか、姦通を扱つたとか云ふだけの事で別段エロでもなければグロでもない」（＊4）と語っている。

作家で落語研究家の正岡容《いるる》が、禁演落語発表当時、「落語の中でも、賭博の噺、または間男の噺などは、在来とても、已に禁止されてゐたのだ。今更事新しげに屋上屋を架するの愚をしなくてもよかつたゞろう」（＊5）と指摘しているように、江戸・明治以来の繰り返しの取り締りと、自己規制もあり、すでに淫風・卑猥な噺は高座で演じないように自粛していた。

禁演になった五十三の落語は淫風・卑猥な噺どころか人情の機微を知ることの出来る噺が多い。醜さ愚かさによって戦争は五十三の〝笑い〟を国民から奪ったのである。


政府・軍部の強要と「戦争協力は当たり前」という国民の風潮

この禁演落語、政府と軍部から自粛の強要があったとしても、五十三種を選定したのは落語関係者なのだから、形式的には当時の落語界の「自粛」で間違いない。自粛というのは、当事者が自ら判断するものだから、「自粛の強要」という言葉自身が矛盾しているので、私は自粛にカギ括弧をつけている。

自粛の強要はあったものの、禁じるべき噺の具体的圧力はなかっのではないかと思われていたが、最近の研究では、とくに軍部からは遊郭や妾が登場する噺を忌み嫌い、干渉していたことがわかった。

前記の今村信雄は、同じ雑誌の中で、軍部から呼び出され、「総て遊郭を扱ふものはいけないとか、妾を扱うものはいけないとか、およそ下らない点まで干渉された」と述べている。禁演落語に直接かかわった人の貴重な証言である。

禁演落語については、軍部と警察では温度差があった。戦場でたたかっている軍部には「戦争で我々が命を張っているのになんだ」との思いが強かったが、国内で実際に取り締まりを行う警察は違っていた。

取り締まるとなると、警察官自身が五十三の落語を覚えなくてはならない。講談落語協会が謄写版印刷の禁演落語の一覧表を警視庁に持っていった時、「此は参考に止め置くと云ふ程度に受理して置かう」「この種の中でも改訂して上演できるものは適当におやりなさい」（＊6）と言われたそうである。

一九四〇年代前後、戦争の激化の中で、国民全体の空気も「戦争に協力して当たり前」という風潮が強まっていた。そうした中で、国民の一員である落語家自身も「戦争遂行の為に何かしなくては」との思いが強まっていた。

禁演落語は、当時の国民の風潮（それ自身は根本的には政府・軍部が作り出したものだが）、「戦争協力しなければ」との落語界の思い、政府・軍部の合作とも言える。

戦後、一九四六年九月三十日に「禁演落語復活祭」が行われ、禁演落語は正式に解除され、五十三の〝笑い〟はやっと国民の手に戻ったのである。

禁演落語の前に放送停止となっていた落語「三年目」

禁演落語より前にすでに放送停止となった落語の演目がある。

逓信省電務局無線課が作成した事例集「放送事項措置彙報（草案）」（一九三六年一〇月）によると、一九三三年八月十七日に落語の「三年目」が検閲事項の「風俗壊乱」の対象となり、ラジオ放送が停止させられている。次のような噺である。


たがいにほれあって夫婦になったが、片時も離れぬ亭主の看病のかいなく、女房は死んでしまう。死ぬ前に「後妻をもつときには婚礼の晩に幽霊になって出ておいで……そうすれば、どうしてもあたしは独身で暮らさなけりゃならなくなるから」と女房に約束した。

やがてまわりのすすめに抗し切れず、後妻を迎えるが、幽霊なかなか出て来ない。そのうち子供も生まれ、三年目の法事をむかえた。

その晩、先妻が幽霊になってあらわれ、うらみをいう。「それならなぜもっと早く出ない」「わたしが死んだときに親戚で坊主にしたでしょう。坊主では愛想をつかされるから、毛がのびるまで待っていました」（東大落語会編『増補 落語辞典』より）。

夫婦愛、そして先妻の夫を愛する気持ちが良く出ている名作であり、とくに禁止する必要はない噺だが、「女子教育上、悪影響がある」とのことで放送が停止させられた。

「三年目」は禁演落語には入っていないが、その後、放送されたという記録も見当たらない。

（二）臨監席《りんかんせき》での取り締まり

ほとんどの寄席に存在してた臨監席

〝笑い〟を禁止するだけでなく、政府・軍部にとって好ましくない〝笑い〟を演じていないか、余計な言葉を発していないかなどの取り締まりも激しく行われた。

その象徴が臨監席の存在であった。

戦前は、劇場、活動館、映画館、寄席などには臨監席があった。臨監席は寄席や劇場などの一番後ろにある警察官が座る特別の席で、警察官はそこで俳優や芸人などが事前に提出して検閲を得た台本通りのセリフをしゃべっているかなどを厳しく取り締った。

寄席などによっては、臨監席の近くに赤いランプがあり、警察官が来るとそのランプが点灯し、話す内容に注意するようにしていた。

取り締りは開演の中だけでなく、稽古の場から行われていた。

戦争時代の貴重な資料でもある古川ロッパの『昭和日記・戦中篇』に「歌と兵隊」の舞台稽古に検閲があったことを次のように生々しく記されている。

「内務省から、警視庁から憲兵隊から各々検閲が来て、客席のまん中へ陣取った。第一景から始める。三景の『慰問写真』の景が、手間どる。人物が多いと何うしても何度も何度もやり直させるので時間を食ふ。皆ヘトヘトになる迄、やり直させる。検閲の連中が、浪岡と志村の歌に文句をつける」(*7)

国賊と言われた喜劇人—シミキン

検閲関係者から最も睨まれた喜劇役者の一人は「シミキン」と称された清水金一である。

シミキンの魅力はアドリブ・ギャグにあった。当初の台本とは違うセリフがポンポンと飛び出し、それが爆笑となった。

台本は事前検閲なので、台本と違うと厳しく取り締まった。シミキンはしょっちゅう台本と違うセリフとなるので、そのたびに激しく取り締まられている。

台本にないギャクを指摘されただけではなかった。ひどいときには「台本で往復ビンタをくらった」こともあった。その時、「技芸者の証」を取り上げられている。「技芸者の証」はいわば営業許可証にようなもので、取りあげられると、おまんまの食い上げである。

古川ロッパも次のような証言をしている。

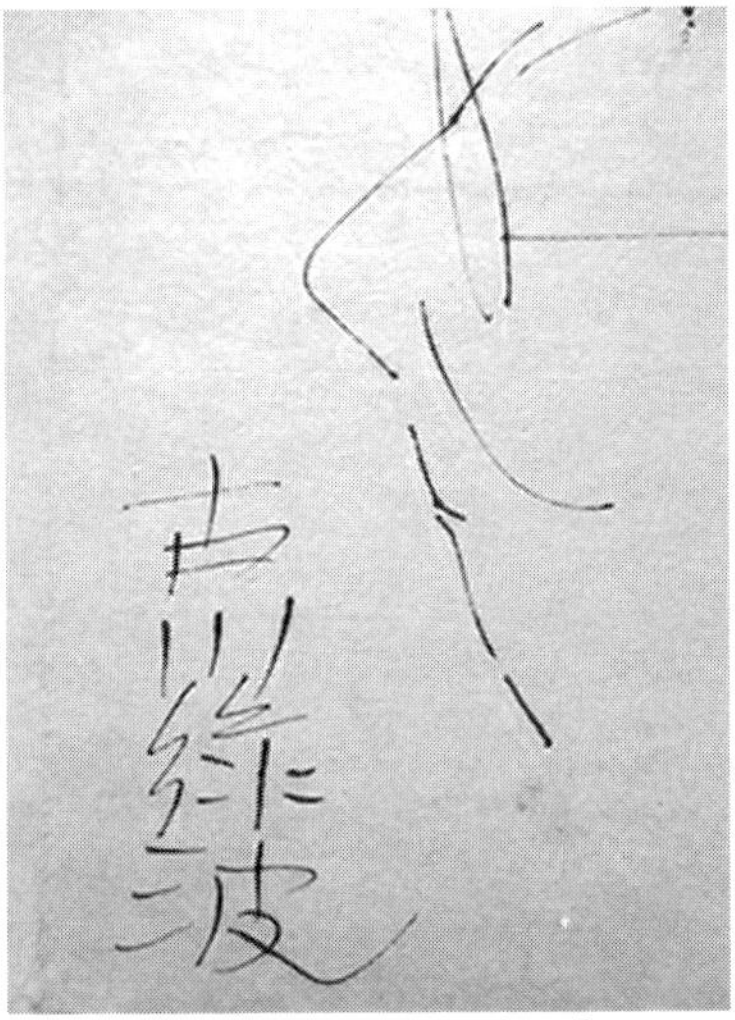

古川緑波のサインと自画像

「今日、清水金一々座の石井敏が来ての話に、シミ金は目下技芸証を警視庁で取り上げられて休んでいるといふ。而も、新宿松竹座出演の二日目に、見に来た警視庁の元吉といふ役人（保安課検閲係）が、清水金一を、座の表へ呼び、脚本をまるめて、それで顔を打ちたる由。義憤を感ず。小役人どもも、のぼせてやがるな、しやくにさはる。何とかならぬのか」（＊8）。

シミキンは、「お前は国賊だ」とさえ言われている。

「戦時中は、警視庁のきびしい検閲で、台本通り台詞をいわないとすぐ検閲官が楽屋へ来た。『お前は、この台本とぜんぜん違ったことをいっている。この台本は、国が検閲をして赦しているものだ。お前はそれにさからっている。ということは、国にさからっていると同じだ。だからお前は国賊だ！』と、到々国賊にされてしまった」(＊9)。

「けしからん」といわれた内容は、「ジャングルの場面で虎が出て来る場面があった。ぬいぐるみに入った人間が、だんだん格闘している内に相撲の取口になり、シミキンと一緒に塩をまいたり水をあびたり、その光景の面白さに客席は爆笑。しかし、検察官が直ぐ楽屋へ飛んで来て、『虎がシコをふむはずがない』といってどなられた」(＊10)など、たわいのないものだった。

戦争が激化していくと、寄席で気をつけなくてはならないのは臨監席だけでなかった。憲兵隊など軍人も寄席に来ていた。また特高など警察官が客席に私服で座って監視していることがあり、苦労させられている。

戦争は〝笑い〟を戦争の為に利用したことはあったが、心から楽しめる本物の〝笑い〟は嫌ったのである。実に生きづらい社会であった。まともな笑いが育つ余地はなかったのである

【注】

＊1 「都新聞」一九四〇年八月二十一日付に詳細な報道が掲載されている。
＊2 同
＊3 『オール演芸』一九四〇年九月号、一一頁
＊4 『獵奇』No.4（茜書房、一九四七年五月）、三〇頁
＊5 正岡容『随筆 寄席風俗』〈「禁演落語時世相」〉（三杏書院、一九四三年）、一二四頁
＊6 同、一二三頁
＊7 古川ロッパ『昭和日記・戦中篇』（晶文社、一九八七年）、〈昭和一九年一〇月六日〉六七三頁
＊8 同、〈昭和一九年九月一六日〉六六三頁
＊9 有吉光也・淀橋太郎・滝大作編『強いばかりが男じゃないといつか教えてくれたひと―笑いの王様 シミキン』（リブロポート、一九八五年）、一三五頁
＊10 同、一二二、三頁

第二章　娯楽から戦争目的完遂へ

(一) 政府・軍部の娯楽・演芸方針

情報局の発足と演芸への指導

当時の政府・軍部は、娯楽・演芸についてどういう方針であったのだろうか。

戦前の日本は、明治以来の政府・軍部の統制の流れを受け継ぎ、文化諸分野はもちろん娯楽・演芸もまた戦争遂行に従わせた。

演芸を国家目標に導く指導を行ったのは内閣情報部や陸軍省情報部であり、それをさらに強力にすすめたのは、アジア太平洋戦争開始直前の一九四〇年十二月六日に発足した情報局であった。その方針、行動を見ると、戦前の政府・軍部の演芸に対する考え方が良くわかる。

情報局は、これまでの内閣情報部など政府の各省と陸軍、海軍に分かれていた情報機構を統一するための機構として発足した。

戦争の激化・拡大にそなえ、世論形成、プロパガンダ、思想取り締りなどをいっそう強化するためである。戦時下の言論・出版・文化の検閲・統制と抑圧の中央機関であり、マスコミに対する政策の決定機構であった。

もちろん情報局の方針・活動は、政府・軍部の意向に基づき、これまでの取締りの方向をさらに発展させたものであった。

情報局の任務は、

第一に、国策遂行の基礎たる事項に関する情報蒐集《しゅうしゅう》

第二に、新聞紙其の他の出版物に関する国家総動員法第二十条に依る処分

第三に、放送無線電話の指導取締

第四に、映画、演劇及演芸の国策遂行の基礎たる事項に関する啓発宣伝上必要なる指導取締、である。

とくに第四の任務にもとづき、浪曲・講談・落語・漫才・漫談などの演芸への取り締まりを強め、戦争という国策遂行に従い、国民への教化演芸とする方向に向かうよう指導を強めた。

情報局は五つの部があり、演芸など文化を直接担当していたのが第五部（一九四〇年十二月

〜一九四三年三月）である。一九四三年四月一日以降は機構の変遷があり、第五部はなくなり、第四部、第二部などが担当した。

戦争下の国民生活を指導する娯楽・演芸へ

その第五部第二課長の不破祐俊は、戦時下の娯楽・演芸の在り方について、雑誌『放送研究』の一九四二年六月号で「戦争下の国民娯楽」と題して、政府の考え方を語っている。「音楽、映画、演劇、演芸等の芸能部門」を娯楽の中心としてとらえていることが分かる。

不破はまず、これまでの「娯楽」の在り方を次のように批判する。

「在来の如く個人的慰め一歩も出ざる如き娯楽、やゝもすれば米英流の物の考え方をもとする享楽本位の娯楽であるからである。今まで笑へばよい、泣けばよい、唯愉しませてくれればそれが娯楽の全部であるとして、享楽的に消費生活の対象としてのみ考えられ、国家目標として考えられていなかつた」

不破はその上で、娯楽・演芸を「戦争目的完遂」の道具としなければならないと強調する。

「今、我々は手をさしのべて、国家の目標に合致する方向につれ戻し、共に語らい、共に連れ立つて進んでいこう、そういう意図の下に娯楽の内容積極的に指導して、これを戦争目的完遂の一翼として働かせて行かなければならない」

「娯楽、とりわけ国民生活に最も接触面の多い音楽、映画、演劇、演芸等の芸能部門が大東亜戦争下に於て果たす役割は非常に大きい。それ故、国民の享受する娯楽として、その娯楽を通して指導性が考えられなければいけない。今日の時局に於て唯明日の働きに備えて元気づけるだけの娯楽であってはその機能を十分に果たしているとは云い得ない。やはり、そこには指導性を持つた健全な国民娯楽が要求されるのである」

「国民娯楽を通しての戦争下の国民生活指導へと向かうことが、今日の娯楽に対して国家が求めているところである」

娯楽・演芸すら「戦争目的完遂」の一翼にしようとの宣言である。

演芸放送も時局にそったものに

これは、不破一人の考え方ではない。演芸を「戦争目的完遂の一翼」にしようとの考え方は、政府・軍部のあらゆる機構にいきわたっていた。

情報局でラジオ番組の指導・監督を行った宮本吉夫情報局第二部第三課課長は、『放送と国防国家』（日本放送出版協会、一九四二年）の中で、「放送全体が国防国家の原理を以て支配されるべき結論に達した」と、ニュースなどの報道の関する放送だけでなく演芸放送も含め、すべてが国策にそったものにすべきであることを強調している。

また、演芸放送の基本について、「国防国家の慰安放送は国民士気の昂揚、国民文化の向上をその目的とし、これを通じて国民の総力発揮に貢献すべきものであり」「国防国家の演芸放送としては国民の心理を支配する国家の動向や社会情勢等と調和を保つことが必要とされ、時局と遊離した単なる演芸のための放送、慰安のための放送であることは許されない」と述べている。

とはいっても、年がら年中、戦争遂行目的の演芸が行われていたわけではない。ごく一般的な落語、講談、浪曲、漫才も演じられた。ただし、「健全・明朗」というスローガンのもとに、あくまでも政府・軍部の許容範囲の演目であった。厭戦気分に陥るものや、政府・軍部が不道徳・退廃と思う演目は徹底的に排除された。

「健全・明朗」の基準は、政府・軍部が握っていた（詳細は第六章）。

（二）国策落語

情報局の指導で国策落語が量産される

情報局は、その任務と方針にもとづいて、さっそく演芸への指導を強めた。

「笑へばよい、泣けばよい、唯愉しませてくれれば」では駄目だと従来の演芸の在り方が徹底して批判された。「いま国家は戦争をしている。お前たちも戦争目的完遂の一翼にならなくてはならない。そうした演芸をやれ」と強力な指導がされたのである。愛国浪曲界では愛国浪曲が作られ、落語と漫才・漫談では国策物が作られ演じられる。愛国浪曲、国策漫才などは別章で取り上げるが、ここでは国策落語に触れたい。

国策落語とは、文字通り国策に沿った、銃後の国民の暮らしの在り方を示唆する落語の総称である。

落語は八っつあん、熊さん、ご隠居、与太郎、おかみさんなどが登場する、いたって平凡な市井の人々の中での笑いを演じるものなので、戦争にはふさわしくない。それどころか戦争とは真逆の平和的な演芸である。とても戦意高揚とはならない。

政府・軍部も当初は落語に期待していなかった。しかし、落語の舞台は庶民の暮らしであり、落語が庶民の中に浸透していることから、国民が戦争に協力していかに暮らすのかの意識を植え付けるかっこうの演芸として利用することにしたのである。

国策落語は、情報局発足前から存在していた。一九三一年の満州事変後、柳家金語楼、三代目三遊亭金馬などによって戦争協力を意識した新作落語が作られていた（＊1）。

そうした先行したものも学びながら、国策落語として量産されたのが一九三七年の日中戦争から情報局発足へと進む時期である。

一九四〇年六月二十四日、枢密院《すうみついん》議長を辞任した近衛文麿が声明を発表し、「内外未曾有の変局に対応するため、強力なる挙国政治体制を確立する」ことが必要と、戦争遂行の総力戦体制の確立、新体制を呼びかけた。

政党や労働組合などは解散させられ、大政翼賛会が発足。新体制はあらゆる分野で広がり、「〇〇の新体制」「新体制〇〇」などが生まれ、各団体・分野が戦争協力と自粛を争うようなった。当然、情報局の指導も新体制を意識したものとなり、その指導で国策落語が量産された。「新体制落語」という名称で発表されているものもある。

国策の内容を説明、順応した落語をつくらせる

情報局は局に呼びつけたり、担当官が出かけていって、芸能関係者への指導を強め、演芸をいっそう国策順応型になるように指導を強めた。

情報局と演芸など芸能関係者は度々話し合いをしていたらしく、徳川夢声『夢声戦争日記』の一九四四年四月一日には、「十三時半情報局行。酒井伯、大倉男、大谷竹次郎、渋沢秀雄、斎藤瀏《りゅう》、山田耕筰、一龍齋貞山、松旭斎天洋、これに情報局側役人の人々」とある。

情報局の担当官は、講談落語協会や落語家、落語作家などへ、まず、激しさをます戦局と総力戦体制の確立の意義、戦争遂行に総力をあげるべき国民の使命を懇々と指導し、ただ笑

わせるだけでなく、「戦争目的完遂のための指導性を発揮しろ」と強調した。

「毎度ばかばかしいお笑いを」とやっていた落語家たちが、急に「指導性発揮」といわれたのである。びっくりするやら、なかには、「指導性だってよ」と薄笑いする落語家もいた。

情報局の担当官は、明治時代に噺家（落語家）が、教導職に任命されたことも語った。

明治時代、国民の中での天皇崇拝の大教宣布運動（＊2）を強めるために、神官・僧侶・儒学者などを教導職に任じた。その流れの中で、講釈師や噺家も教導職《きょうどうしょく》に任命されたのであった。三代目麗々亭柳橋《れいれいていりゅうきょう》、初代三遊亭圓朝、初代談洲楼《だんしゅうろう》（柳亭）燕枝《えんし》などが教導職となった。

それを聞いて感心する人や誇りに感じる人もいた。

情報局の担当官は、次に、銃後の国民が戦争協力のためにどういう暮らし方をしたら良いのかを説明した。

一つは、戦争のためには膨大な軍事費が必要であり、国民に「貯蓄・債券購入・献金」を奨励する落語をつくれということであった。そうしてつくられたのが、柳家金語楼「献金長屋」「貯金夫婦」、三代目三遊亭金馬「裏店銀行」「債権万歳」などである。

その他、空地に野菜などをつくるなどの「食糧増産」、「出征」「隣組」「防空演習」など、国民に協力が求められている個別の国策について詳細に説明され、それに応じた落語をつくるように指導された。

その後も新しい国策が提起される度に、情報局から説明があり、順応した落語がつくられた。

例えば、兵隊の補充である。お国のために喜んで働く若ものをつくる「生めよ育てよ（産めよ殖やせよ）国の為」のスローガンを説明されると、柳家金語楼「子宝部隊長」、二代目桂右《う》女助《めすけ》「子宝計算」がつくられるという具合である。国策に沿ってつくるからわきまえがなくなる。

「子宝部隊長」（金語楼の落語集『隣組の奥さん』収録）には、「兵隊さんになる男の兒を、一日でも早く生む事が、お国の為に尽くす一つの仕事だとしたら、子供を産まない女なんか、意義がないぞ。お前がどうしても男の兒を産まないんなら、国策に違反するスパイ行動として、憲兵隊へ訴へるぞ」というひどい台詞が出て来る。

軍艦、戦車、鉄砲の弾などの製造に必要な「金属回収令」が出ると、靴に磁石をつける今村一羊の「国策靴」などがつくられる。

戦時下の金属回収では、お寺の梵鐘をはじめ家庭の鍋・窯まで回収された。長野県信濃町の称名寺《しょうみょうじ》には、戦争の過ちを後世につたえようと、今でも回収された梵鐘の代わりの「石の鐘」が吊るされている。国策落語はそういうバカげたことと無関係ではなかった。

「防諜・スパイ防止」の国策では、二代目桂文七「スパイ狩（り）」、柳家金語楼の「スパイ御用心」などがある。

桂石女助「落語家の出征」には、出征する若者に「死んでこいよ」という言葉を投げかけている。

長野県信濃町・称名寺の石の鐘

また、この戦争を正義の戦争と美化する国策落語もある。五代目古今亭志ん生「南方みやげ」では、「日本人はもとより東亜共栄圏のみんなが仕合わせになる、つまり支那人でもマレー人でもタイ人でも、印度人でも、今まで英米から虐げられ、搾取された人々を救ってやるんだ」と、国の宣伝文句がそのまま語られる。とても志ん生の言葉ではない。（＊3）

多くは落語家の名前で発表された

ほとんどの落語家は戦争協力をすることは是としており、反対はなかった。柳家金語楼や軍隊生活の経験豊富な二代目桂右女助などは、落語で戦争協力・「落語報国」が出来ることは名誉なことととらえ、積極的に応じた。

しかし、情報局の指導する方向の落語を実際につくるとなるとそう簡単にはいかない。みんな頭を悩ませた。それでも〝笑い〟の中にどう国策を入れるのかなど、自ら「お国のためにお役にたとう」との努力が始まった。

この頃、落語界ではちょっとした新作落語をつくる動きが強まっており、それが、皮肉にも国策落語をつくることにプラスとなってしまった。戦争の時代でなければ、もっと違った形で発揮できたろうと思うと残念でならない。

新作を得意にした日本芸術協会（現在の落語芸術協会の前身）だけでなく、東京落語協会（現在の落語協会の前身）でも、「古典落語だけでは時世についていけない」と一般から新作落語を募集していた。

落語作家も、今村一羊、高沢路亭（「のらくろ」の漫画を描いた田河水泡）、正岡容、鈴木みちを、大貫清花、「小噺をつくる会」の鈴木凸太などが活躍していた。紙工芸（「紙切り」）の初代林家正楽も落語作家として名を連ねていた。

「紙切り」とは、寄席でお客さんから「宝船」とかお題を頂き、普通の紙をハサミで一筆書のようにきるという色物芸である。私の手元に初代正楽が、戦時下の寄席で切った作品がある。現在はA４サイズの白い紙を切るのが普通だが、手元にあるものは小さな紙を切ったものである。こんな所にも物資不足の戦争の爪痕が残っている。

禁演落語が発表された翌月の一九四〇年十月二十二日から二十八日、「都新聞」に「新体制落語」と銘打った国策落語が連載された。

四代目柳家小さんの「報国妻賢《ほうこくさいけん》」と八代目桂文楽の「百姓指南」である。

初代正楽の紙切り作品(正楽も国策落語を作った)

「報国妻賢」は、報国債券、貯金などの大切さと賢い妻が登場する噺。債券と妻賢は語呂合わせ。政府・軍部が強く要請した「貯蓄・債券購入・献金」を奨励する国策落語。

「百姓指南」は、庭で隠居が野菜などをつくろうと、権助から百姓仕事を教わる噺。戦争遂行のために空地、公園、家庭の庭などでの食糧増産を奨励した国策に順応したものである。

とても小さんや文楽がつくったものとは思われない。後日、明らかになったことだが、「報国妻賢」の作者は今村一羊。「百姓指南」の作者は紙切りの初代林家正楽である。

国策落語は、落語家本人がつくったものか他人がつくったものか不明なものが多いが、落語家の名前で発表されているものがほとんどである。

柳家金語楼、三代目三遊亭金馬、初代柳家権太楼、七代目林家正蔵、二代目桂右女助、六代目春風亭柳橋（金馬・柳橋は古典落語も得意であった）など、新作派の落語家の作品が多い。

一九四一年に発売されている『名作落語三人選』（東洋堂）は、柳家金語楼・三代目三遊亭金馬・七代目林家正蔵の名前のものだが、本人作かどうかは分からない。国策落語が多数収録されている（＊4）。

国策落語が収録された落語集

目を疑わざるを得ないが、「野ざらし」などを得意にしていた三代目の春風亭柳好、六代目三遊亭圓生、五代目蝶花楼馬楽（のち八代目林家正蔵〈彦六〉）などバリバリの古典派の落語家の名前で発表されているものもある。一九四三年に発売されている『新作落語名人三人集』（室戸書房。その後に清教社から発行）には、この三人の国策落語が収録されている（＊5）。

寄席・演芸会、レコード、ラジオ、落語本・雑誌で広がる

国策落語は、寄席の高座だけでなく、レコード、ラジオ、落語本、『キング』『講談倶楽部』といった雑誌掲載など、多様な媒体で国民の中に広がった。

とくに大日本雄辮會講談社（以後、講談社と略記）発行の月刊誌『キング』は発行部数百万を超える国民雑誌であり、戦争遂行に積極的に加担、毎月のように国策落語を掲載し、広く影響を与えた。

もちろんそこには政府・軍部の指導があった。講談社には、言論統制で辣腕をふるった情報局情報官の鈴木庫三少佐（のち大佐）などの姿がしばしばあったというが、とはいえ、初代社長の野間清治の思想にもとづく講談社自身の戦争賛美の考え方と積極的協力を曖昧にすることは出来ない。

寄席では国策落語が頻繁に演じられていたわけではない。年がら年中、お国のための説教を聞かせていては逆効果になる。適度に演じられていたが、それでもマクラ（落語の冒頭の話）では、戦争賛美の言葉が飛び交っていた。

六代目春風亭柳橋は、「たとへ高座に上つても、くだらないお喋舌りをせず、笑はせるにしろ、何かしら意義のある、国策型の言葉を吐いて、笑ひの中に、成る程そんなものかとお客様に分かつて貰へるものがなければいけますまい。

咄し家があんなことをいつてやがると笑われても、それで意味がある譯ですし、高座へ上がる連中が誰も彼も同じやうに自粛と国民の覚悟を訴へて行く中には、あの連中でさえあれだから俺達も考へなけりやいけない、とお客様の方でお気付き下さるとなつたらしめたものです」（『オール演芸』一九四〇年九月号）と語っている。

寄席はともかく、とくに企業主催で企画された演芸会では、国策落語をはじめ戦争賛美・戦争協力の演芸のオンパレードであった。

例えば、一九四二年一月二十五日に東京の九段下にある軍人会講堂（現・九段会館テラス）で開催された株式会社大倉商店・ボルド産業報国会「笑う銃後の健全娯楽　明朗爆笑演芸の夕」では、三代目春風亭柳好の国策落語「郡長」をはじめ戦争一色となっている。

その時のプログラムは次の通りである。

漫談・西村楽天「従軍報告」

講談・一龍齋貞丈「魂の伝令」

落語・春風亭柳好「郡長」
女流浪曲・竹田澄子「橘英男」
女漫才・祇園市奴 木村玉江「銃後のまごころ」
琵琶・榎本芝水「川中島合戦」
明朗漫才・寶家大坊 小坊「運と災難」
浪曲・浪花家辰丸「軍国の母」
浪曲模写漫才・隆の家百々龍　前田勝之助「代用品時代」
奇術と曲芸・李彩一行

ラジオでも国策落語が放送された

ラジオの演芸番組では戦意高揚は講談・浪曲が受け持ち、落語はどちらかというと慰安の役割を担当していた。それでもラジオで国策落語が放送された。

それまでは、国策落語の放送は満州事変直後に柳家金語楼の「凱旋」が放送されたことがあったが、

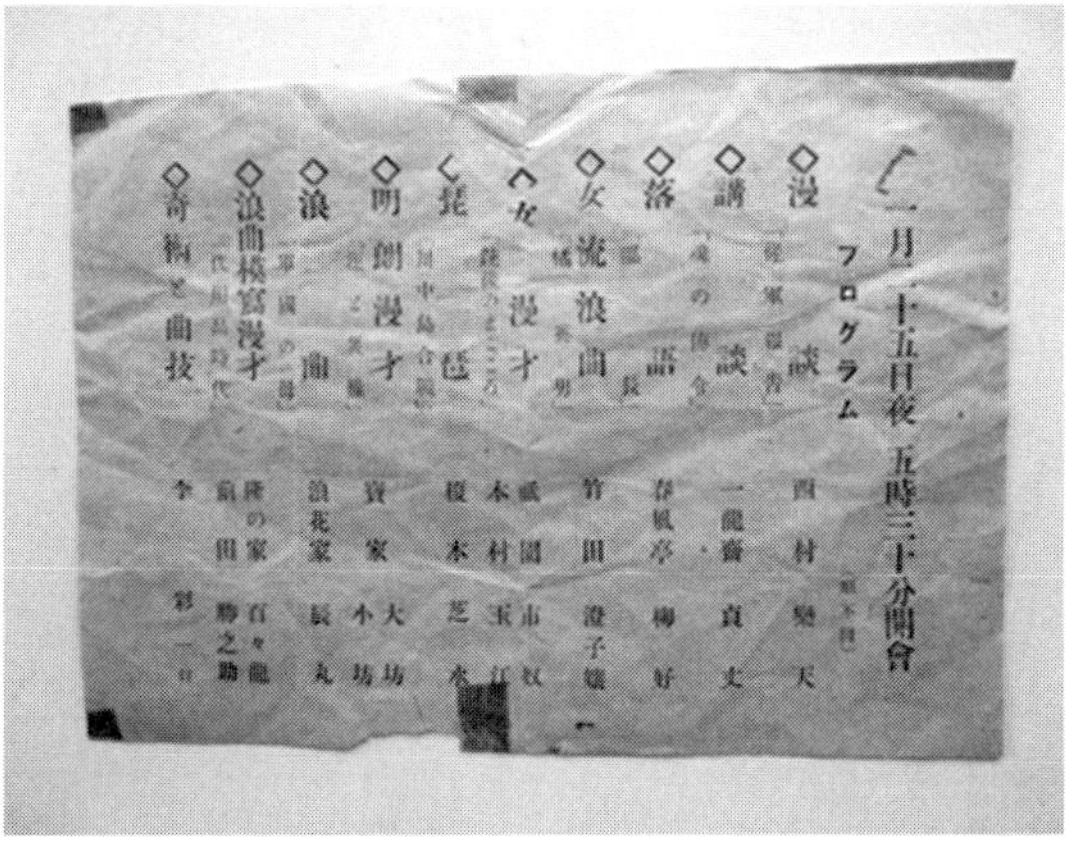

一月十五日夜 五時三十分開會
プログラム
◇漫談 西村樂天
◇講談 一龍齋貞丈
◇落語「郡長」 春風亭柳好
◇女流浪曲「橘英男」 竹田澄子嬢
◇女漫才「銃後のまごころ」 祇園市奴 木村玉江
◇琵琶「川中島合戦」 榎本芝水
◇明朗漫才「運と災難」 寶家大坊 小坊
◇浪曲「軍國の母」 浪花家辰丸
◇浪曲模寫漫才「代用品時代」 隆の家百々龍 前田勝之助
◇奇術と曲技 李彩一行

「笑う銃後の健全娯楽　明朗爆笑演芸の夕」プログラム

日中戦争前後、とくにアジア太平洋戦争前後から目立つ。

一九四〇年以降、ラジオで放送された国策落語は次の通りである。これは、私（柏木新）がNHKの依頼を受け、貴重な手書きの「確定番組」を調査した結果である。

慰安担当の落語だったから、国策落語の放送は少ないとは思っていたが、それでも一九四一年では七本など、戦争遂行に協力する国策落語の放送が一定数あることが分かった。調査結果は二〇二一年九月にNHKテレビで全国放送された。NHK自身が戦前のラジオで戦争協力の国策落語を放送していたことを公に認めたのである。

年代順に見ると、次の年月に国策落語が放送されているカッコ内は放送日。演目名も明確である。

【一九四〇年】柳家富士楼「奥様教育」（一月二十八日）、三代目三遊亭金馬「裏店銀行」（六月二十七日）

【一九四一年】二代目桂右女助「慰問文」（一月三十一日）、桂小文治「動物園の常会」（三月六日）、六代目春風亭柳橋「支那蕎麦や」（三月二十三日）、二代目桂右女助「笑い薬」（六月七日）、七代目林家正蔵「満州行」（七月二十一日）、昔々亭《せきせきてい》桃太郎「隣同士」（八月十日）、七代目三笑亭可楽「意地くらべ」（九月二十二日）

【一九四二年】二代目桂右女助「慰問文」（二月九日）、二代目三遊亭圓歌「英語御用心」（四

月三十日)、三代目春風亭柳好「組長」(九月二十八日)、二代目桂右女助「鞄」(十一月一日)
【一九四三年】六代目春風亭柳橋「支那蕎麦や」(四月四日)、四代目柳家小さん「意地くらべ」(十月二十一日)、六代目春風亭柳橋「支那蕎麦や」(十月三〇年)
【一九四四年】初代柳家権太楼「空中戦」(一月十九日)、六代目春風亭小柳枝「常会」、六代目春風亭柳橋「支那蕎麦や」(八月六日)、二代目桂右女助「弾丸切手」(八月二十一日)、五代目柳亭燕路《えんじ》「養老の滝」
【一九四五年】六代目春風亭柳橋「支那蕎麦や」(一月二日)

落語界全体も「戦争協力は当然」の空気に

国策落語については、落語家から、「なんでこんなものをつくらなければならないのか」という意見もあったが、落語家一人ひとりも国民であり、「日本人なら戦争に協力して当たり前」の空気のもとで、落語界全体として戦争遂行に協力していった。

笑いの中から「新体制下の国民の覚悟」をうながしていったのである。

前述の金語楼、金馬、正蔵の落語集『名作落語三人選』(一九四一年七月十日発行)の「刊行に際して」の中では、次のように「戦争遂行に役立とう」という決意を語っている。

「新体制下に於ける我等一億国民の責任は、益々重且大である。萬民悉《ことごと》くその職域に奉公し、よく上御一人《かみごいちにん》の大政を翼賛し奉らなければならない。大東亜共栄圏と世界新秩序の確立に、又高度国防国家の建設に、戦線に在る将兵の心を心として、銃後の我等も亦一段と勇猛邁進しなければならない。

然しながら大東亜共栄圏の確立と云ひ高度国防国家の建設と云ひこれらは凡て一朝一夕に成るものでなく、長期に耐へ得る心構えをもたなくてはならないのである。その意味に於て本書の刊行は、実に意義深いものである。と信じてゐる。一億国民明朗化に、少しでも本書が役立てば希つてもない幸である」

柳家金語楼自身の落語集『隣組の奥さん』（一九四一年四月二〇日発行）の「御挨拶にかへて」の中でも戦争協力への決意とを次のように語っている。

「私の信念は職域奉公、落語報国でありまして、萬民悉くが、上御一人の大成を翼賛し奉らなければならない時、緊張し続けては長期の聖戦に耐へ得られなくなりはしないか、何か、銃後でも、心の慰安を求めたくはなりはしないか、我田引水かも知れませんが思つて居ります」「国策線に順応した、新作落語集を発行する事になりまして、皆様のお笑いの糧となり度いと存じます」

六代目春風亭柳橋も、「とにかく、私達咄し家だ。咄し家は人の玩具でいゝのだではいけないのだと思ひます、それが新体制の下の私達の自覚みたいなもので高座の上でこそ玩具だが、実生活は立派な日本国民なので、新体制を形造る細胞の一人なんです」（『オール演芸』一九四〇年九月号）と決意を語っている。

多くの落語家は特別に右翼的な考え方があったわけではない。ごく平凡な善良な人々であった。しかし、社会全体の軸が戦争に傾く中で、戦争を支持し、戦争協力することが当たり前の立場になっていたのである。「落語界も戦争に協力すべし」との国民の中からの圧力も大きかった。

柳家金語楼

だからといって、「政府や軍部に指導されたのだから」「国民全体がそうだったのだから」仕方がないでは済まされない。落語など演芸も当時のメディアの一端を担っており、寄席、レコード、ラジオ、雑誌、落語集などで国策落語が流され、戦争遂行の片棒を担いでしまった。

国策落語をつくった落語家や落語作家も「仕方がなく」また「いやいや」ながらつくったわけではない。どうしたら笑いの中で国策協力を入れられるかをプロとして真剣に考えたのである。ストレートに国策を語るより、笑いに紛れて国策を語った方が庶民には効果がある。国民を戦争に総動員したい政府・軍部にとっては、笑いのプロが国策落語をつくり、演じてくれることは願ったり叶ったりだったのである。

しかし、どんなに笑いがあっても国策落語は笑いの本質から離れ、戦争遂行に重要な役割を果たしてしまった。その責任が落語界にもあることを忘れてはならい。

禁演落語と国策落語は戦争がつくり出した落語界の負の歴史であるが、「新しい戦前」をつくりださないためにも、語り続けていかなくてはならない歴史である。

（三）聴衆の反応と知識人の批判

面白くなかった国策落語

有名な落語家が国策落語をつくっている（演じている）のだ。影響力はあった。

当時の新聞や雑誌などにも、「新時代に立ち上がる意気や、壮なりと褒めよう」（『文藝春秋』一九四一年十二月号）、「落語をもつと時局に近付け大衆の理解力に近づける努力があつてもよいと思ふ」（同一九四三年十二月号）など国策物を歓迎する声が掲載されている。

「金語楼、金馬、正蔵、権太楼など落語家すら努力している」「我々も努力しなければ」「戦争のためにがまんしなければ」「日本の勝利のために貯金しなければ」などの気持ちが生まれたのであろう。

しかし、国策落語が楽しめたかどうかは別である。プロの落語家や落語作家が真剣に考えつくったものだから、それなりに笑えるし、笑いながら国策の重要性を理解することが出来る。しかし、普通の落語と違って心から笑えないし、心に残るものでもない。

当時、国策落語を聞いたことのある山本房枝さん（千葉県在住）に聞くと、「その時は、お国のために貯金しなくてはと思ったかも知れませんが、落語としては印象ありません。面白くなかったと思います」と語ってくれた。

先に紹介した『文藝春秋』のコラムでも、国策落語を評価する声がある一方、「最近演芸放送が面白くない」（一九四〇年十月号）、「漫談かぶれを清算し本当の噺にかへつて再出発すべきだ」（同十二月号）、「噺家も国策宣伝の一役を買って出る気持ちは肝とすべきだが、もう少し巧くやる事を考えたらいいだろ」（一九四一年七月号）など、批判的なものも少なくない。

落語とはいっても、政府・軍部から「貯金せよ」「子どもをたくさん産め」と説教されたのでは面白くはないのは当然である。

落語家や落語作家が戦争の中でも少しでも〝笑い〟を届けたいと一生懸命、面白くしようと努力はしているので表面的には笑えるものもある。しかし、聴衆は本質を見抜いていたのである。

噺そのものを見ても、国策の宣伝を意図しているために、それを笑いで届けようとする無理があり、かえって厭戦気分になってしまうものや、国策に対する批判・風刺ともとれなくないものもある。

三代目三遊亭金馬の「防空演習」は、長屋が総出で防空演習をする噺だが、国策落語といっても、鉄兜のかわりに鍋が登場し、かえって防空演習が馬鹿馬鹿しくなり、厭戦気分になってしまう。

柳家金語楼の「隣り組の奥さん」は、戦時体制にとって重要な隣組の大切さがテーマの国策落語である。奥さん同士がいつも競い合っており、夫たちの頭痛の種。仲良くさせる作戦をしたが、今度は「仲良くする」ことを競い合ってしまう。国策落語とは言っても、結果としては隣組を風刺するものになっている。

今村一半の「国策靴」は、金属回収の国策に順応した話だが、靴に磁石をつけて町を歩き、鉄を集めようとしてマンホールにくっついてしまい歩けなくなる。金属回収を揶揄しているととれなくもない。

落語と戦争遂行の国策とはもともと矛盾しているものである。本物の〝笑い〟を嫌い、偽物の〝笑い〟で生活を縛ろうとするのは、所詮、浅知恵でしかない

当局や演芸提供者の中でも国策と娯楽の矛盾を感じていた

落語や浪曲に国策を入れ込むことによって「つまらなくなる」矛盾は、国策的・時局的演芸を提供する側（ラジオ・雑誌・演芸界など）も感じていた。

ＮＨＫ総務局の山中利幸は「現下慰安放送の限界」の中で、「当初は娯楽機関がやゝもすれば、時局便乗的となり、国策の安易な宣伝材となつて、そこに娯楽の計画性の欠如を来し、その正常な発達が阻止せられたかの感がなかつたとも云へない」（雑誌『放送研究』一九四一年十一月号）と述べている。

同じ雑誌の座談会「時局下の慰安放送を語る」の中でも、「時局色が演芸放送を非常に面白くなくして居るといふ風に最近やかましく言われて居る」「時局色が作者なり役者なりの実際の自覚した生活から生まれたものならいゝのですが、取って付けたやうなものを創作物にあまり濫用し過ぎる」「一般聴取者は大衆である。吾々が彼等を楽しませ、且つ教化する。といふうな態度でやるのはどうかと思ふ」などの声が出されている。

これは浪曲に関してだが、「都新聞」一九四〇年十一月五日付の座談会「愛国浪曲を語る」の中では、

「国策的なるが故に固くなるといふことです。ともすれば国策というものに捉はれて一体に

固くなつてしまふ傾きがある、固くなつてしまふために折角の面白い娯楽なり芸術なりがその魅力を充分に発揮できず、砂を噛むような味気ないものになつて却つて感銘を薄くしたり逆効果を生んだりするのでは何にもならんのぢあないかと思ふんです」

と国策と娯楽の矛盾を語っている。

政府・軍部は、国策順応の演芸を強調する一方、国策を入れようとして面白くない演芸にしてはならないと言う。しかし、演芸をつうじて国民の意識を戦争遂行に動員しようとすればするほど演芸がつまらないものになってしまうことは、演者、芸人たちが一番強く感じてもいたのでもある。

正岡容の国策落語批判

国策順応型演芸そのものを批判する声も一部の知識人の中に存在していた。

作家で落語・寄席の研究家でもある正岡容は、『随筆　寄席風俗』の「はなしか論語」の中で、「国策落語」と明確に名指しして、次のように皮肉を込めて批判している。

「国策落語も、毎々の持論であるが、よくよくの名作名演技以外は放送にも寄席公演にも余り採上げて度くない。在留日本の兵隊さんや産業戦士たちには一向慰安にならないし、一般国民と雖もかくも長期決戦下に於てはもつともつと純粋本格の慰安を与えて勇躍活動させてやり度いこと豊太閤が小田原攻の故事に俟つ迄もあるまい。国策落語は国民学校の余興などに旺に上演してほしい。婦人会の余興にも大いに佳かろう。

またお上から檄を飛ばして時局に比較的無関心な（そのやうな人々のないことを切にのぞむがもしあつたとしたら！）上流富豪を一日丈け一室に監禁し、十数名の新作を得意とする落語家をして国策落語をいやになるほど競演せしめる。此らも若干の側面効果はありはしないか」（＊6）。

正岡容

国策落語の本質を見抜いた宮本百合子

国策落語の本質を鋭く見抜いたのは、日本を代表するプロレタリア作家の一人である宮本百合子である。宮本百合子は「都新聞」の一九四〇年十二月十五日付に、「〝健全性〟の難しさ」という一文を掲載しているが、その中で、次のように国策落語にふれている。

「ラヂオなどできく落語が、近頃は妙なものになつて教訓落語だが、話の筋は結局きゝてである働く人々の生活や文化の低さを莫迦らしく漫画したやうなものが多くていゝ心持はしない。実質的にはもつとも健全と云えないのである」

宮本百合子は、落語の変わりようをとらえて、「教訓落語」になっていると指摘している。国策落語は八っつぁん、熊さんが登場していても、偽物の庶民であり、不健全な落語なのである。

落語、講談、浪曲、漫才など演芸の本来の魅力は、笑って、泣いて、心が解放され、その芸に感動するところにある。

戦争が激しくなってきた時でも、人々はそれを求めた。しかし、国から統制された〝笑い〟では、心から楽しめなかったのである。

【注】

＊1　雑誌『講談倶楽部』一九三二年七月号に柳家金語楼の「凱旋」、雑誌『キング』一九三三年五月号の付録の小冊子『時局問題―非常時国民大会』に金語楼の「御国の為」、雑誌『家の光』一九三三年十一月臨時増刊号『非常時世帯読本』に三遊亭金馬の「赤字退治」が掲載されているなど。

＊2　明治維新に際して政府が行った神道による国民教化政策運動。

＊3　国策落語の種類や演目などの詳細は柏木新『国策落語はこうして作られ消えた』（本の泉社、二〇二〇年）を

参照されたい。

＊4　一九四二年発売の『花形落語家名作集』（昭和書房）には、金語楼、柳橋、金馬、馬楽、五代目古今亭今輔の国策落語が収録されている。一九四二年発売の『昭和落語名作名作選集』（協栄出版社）にも国策落語が収録されている。

＊5　柳好、馬楽、圓生だけでなく、四代目柳家小さん、八代目桂文楽、五代目古今亭志ん生の名前で発表されている国策落語もある。

＊6　正岡容『随筆 寄席風俗』〈『はなしか論語』〉（三杏書院、一九四三年）、一三六、七頁

第三章　一番人気の浪曲を統制

（一）「愛国浪曲」と堂々銘打って

第一回全国ラジオ調査

戦前の日本では、演芸の中での一番人気は、意外に思われるかも知れないが浪曲であった。一九三二年五月にNHKと逓信省が共同で「第一回全国ラジオ調査」を実施した。調査数は百二十三万、回答数は約三割の三十五万という大規模なものであった。

「どういう演芸娯楽番組を増加希望か」という質問に対して、第一位が浪曲の約一万三千、第二位が落語の四千、第三位が講談の三千六百で、浪曲の増加を希望する人は、落語・講談の何と三倍強となっている。

浪曲は、三味線を伴奏に節（うた）と啖呵（語り）で庶民の感情を揺さぶるもので、政府・軍部は、浪曲に国策・軍事物を演じさせれば国民精神を向上させることができるのではないかと、愛国浪曲などと称して国民を戦争に動員する浪曲を演じさせた。一番人気ゆえに目をつけられたのである。

そういうこともあって、戦時下の浪曲というと演芸界の中でも最も熱心に戦争協力をしたと思われがちだが、これは誤解である。戦時下では講談、落語、漫才・漫談も浪曲と変わらない位、戦争遂行に協力している。戦争協力は浪曲界の専売特許でなく、演芸界全体として行われていたのである。

愛国浪曲が戦争協力の象徴のようになったのは、国策落語・国策漫才とは違って、最初から大々的に「愛国浪曲」と銘打って発表されたからである。

しかし、浪曲界の戦争協力は愛国浪曲からではない。政府・軍部の肝いりで「愛国浪曲」が発表される前は、戦争賛美の浪曲は「軍事浪曲」などと言われた。「軍事浪曲」は政府・軍部からの指導があったのだが、浪曲界側の積極的加担もあり、やはり負の歴史である。

ほとんどの浪曲師が軍事浪曲を口演

一九三一年九月の満州事変直後から、浪曲界ではほとんどの浪曲師が従来の時代物・得意

初代天光軒満月「噫肉弾」のSPレコード

演目に加え、軍事物（時局物）の演目・「軍事浪曲」を披露するようになった。

とくに東家楽燕《あずまやらくえん》は、「召集令」、「満州血染の地圖《ちず》」、「血染の聯隊旗《れんたいき》」、「軍神西住大尉」、「軍国の花嫁」、「皇軍膺万歳」、「靖国の女神」、「涙の忠魂碑建立」、「不滅乃木」、「恩賜の煙草」など、戦時下の浪曲を牽引した。

また初代天光軒満月が「噫肉弾《ああにくだん》」、「召集令」、「軍神大東郷　日本海大海戦」、木村友衛が「誉れの飛行場」、二代目廣澤虎造（広沢虎造）が「男の魂」などを口演、レコードを出している。

東家楽燕の「満州血染の地圖」のSPレコードを聴くと、さすが軍事物を得意とするだけに、迫力ある戦意高揚の浪曲となっている。また、初代天光軒満月の「噫肉弾」のSPレコードは、死をも恐れず肉弾と化した兵士の勇ましい姿を迫力をもって語っている。

時局物が不得意と思われる浪曲師も次々と軍事浪曲を口演している。「佐渡情話」で一世を風靡した寿々木米若は、「南京最後の日」「漢口最後の日」「婦人従軍歌」などを口演している。

米若のＳＰレコード「南京最後の日」を聞いて見た。哀調が籠った声の調子で、けっして軍事向きでなかったが、一生懸命、南京城を攻め落とす場面を演じ、一番乗りし命を落とした勇士《もののふ》の活躍を語っている。

聴いていると、日本軍と軍人の活躍が目に浮かぶ。当時の日本人は、米若が演じる犠牲をものとせず「お国の為に尽くす」兵士の活躍に拍手を送り、自分たちも国の為にお役にたたなくてはと思ったかも知れない。

しかも、あの「佐渡情話」の米若が演じているのだ。そのこと自体が軍国美談と受け取った人も多かったろう。内容はともかく独特の米若節を楽しんだ人がいてもおかしくはない。

しかし、そこには南京虐殺は一コマもない。

「文芸浪曲」を看板とし、やはり時局物は得意でない酒井雲も「切れ味日本刀」、「国士荒木大尉」「南苑一番乗り」「空爆散華」「林特務兵の最後」「応召美談・御国の母」「南郷大尉戦死す」などのレコードを出している。

梅中軒鶯童《ばいちゅうけんおうどう》は戦後の著書で、「北野劇場では次いで昭和十四年に、火野葦平の『土と兵隊』を浪曲化して、その発表独演会を開催、東京日比谷の有楽座独演会も十四年の春だった。このころ戦争浪曲全盛で、レコード吹込みも殆んどそういった戦場美談、柄にもないものを押しつけられるので閉口したものである」（＊1）と、その時の心情を思い返している。

二代目天中軒雲月「杉野兵曹長の妻」SPレコード

浪曲は講談と同じように、ラジオでも、「忠君愛国」に利用できる赤穂義士伝などの演目と合わせて、軍事物が盛んに演じられていたのである。

雲月の「七色の声」

国民の心を捉えたのは七色の声で一世を風靡した二代目天中軒雲月《てんちゅうけんうんげつ》（のち伊丹秀子）であった。雲月の浪曲「杉野兵曹長の妻」がラジオ放送されたのは一九三五年十月二十四日。貧しさの中で遺児を育てた戦争未亡人の銃後美談で、テイチクからレコードが出され、爆発的に売れた。

雲月はそのほか、テイチクから「祖国の花嫁」「九段の母」「前畑頑張れ」「勇士の妹」「鈴蘭の妻」などを出しているが、いずれも売れ行きは良かった。

当時のＳＰレコード「銅像を涙で洗ふ女　杉野兵曹長の妻」を聴いたが情感に響くものとなっている。四枚組表裏の（一）から（八）、合計約二十四分。老若男女を一人で使いわける七色の声を駆使して演じている。

「伊勢で名高い津の市の、久留町の片辺り……」の節で始まり、日露戦争で戦死した軍人・杉野孫七の妻・りう子が女手ひとつで男の子三人を、夫に恥じなくお国のお役に立つ日本人として立派に育てていく姿を語っている。

夫・杉野兵曹長は日露戦争の旅順港閉塞作戦で戦死し軍神といわれた広瀬武夫中佐の部下。杉野兵曹長もやはりその時戦死し、「日本の勇士」として広瀬中佐とともに銅像が建てられた。

特に注目したのは、子どもたち三人を連れて夫の墓参りをする場面だ。

夫の墓の前で、「お前たち、大きくなってどんなにしたらお父様が一番お喜びになるか、それをこのお母さんにはっきりと聞かせておくれ」と子どもたち一人ひとりに大きくなってどうするのかを言わせる。

長男の忠一は「お父様の様に海軍の軍人になるんです。そうしたらお父様よりも、もっともっと偉い忠義な働きをするんです」、次男の誠次は「忠義の働きというのは第一、天皇陛下のお役に立つ事です。日本のお国の為に働いてお父様やお母様に喜んで頂くんです」、すると三男の忠雄も可愛い声で「僕も忠一兄ちゃんや、政次兄ちゃんと同じです。それに賛成です。僕大賛成です」とたどたどしくこたえる。

この場面、雲月は、母のりう子は大人の女性、長男、次男、三男は男の子の声、しかも瞬時にそれぞれの年相応の声に変える。聴いていると内容はともかく感情を刺激される。当時の日本人はこの浪曲を聴き、軍人とその妻の生き方に心を揺さぶられたろうと変に納得する。雲月の「七色の声」の技巧が、国民意識を戦争遂行に動員する役割を果たしてしまったのである。

なお、登場人物の声の質をその人物にあわせてすべて変えることが、浪曲の話芸としてどうなのかは評価が分かれる。絶賛する人がいる一方、厳しい評価もあった。

浪曲の台本も書いており、浪曲、落語、講談など話芸に通じている作家の正岡容は、「老若男女を使い分ける技巧をば、おおいに讃嘆されているのであるが、あの素人向きの技巧のための技巧は、芸道本来の心がけから言っては、どうであろうか。無駄な努力ではなかろうか。邪道であるとさえ私は言いたい」(*2) と手厳しい。

たしかに話芸は物真似ではないので、無理に声を変えるのでなく、芸そのもので老若男女を聴衆に想像させなくてはならない。天性の声と技巧をもつ二代目天中軒雲月は特別だったのである。

興行で不人気だった軍事浪曲

軍事浪曲はこうして一定の役割を果たしたが、演芸そのものを楽しむという視点では聴衆に受け入れられたとは言えない。

浪曲愛好者は、やはり二代目廣澤虎造なら「次郎長伝」、二代目玉川勝太郎なら「天保水滸伝」、寿々木米若なら「佐渡情話」など、浪曲師の得意物・時代物を聞きたかったのである。このことを良く知っていたのは当時の興行師であった。各地をまわる巡業では一会場で軍事浪曲と時代物・得意演目の二席を口演する形式がとられるようになった。

例えば寿々木米若の場合、「一席目に戦争のからんだ〈同時代物〉を口演すると、二席目には衣装を替えて舞台に立ち、『お肩がこりましたでしょう』。というようなねぎらいをのべたあとで、『鼠小僧』などのような〈時代物〉を口演することがあったという」(＊3)。

戦時下、軍事浪曲などが浪曲愛好者からはあまり受け入れられなかった一面をしめしている。いくら人気の浪曲師のものであっても、お国の説教浪曲では心から酔いしれることはできなかったのである。

(二)〝泣き〟は厭戦気分を醸成する

戦争が奪ったのは〝笑い〟だけでなかった。

浪曲の魅力は、〝泣き〟にあると言ってもよい。涙が聴く者の心を揺さぶった。戦争はその

〝泣き〟を嫌ったのである。

「女々しい」と検閲

プロレタリア作家、藤森成吉が書いた浪曲「傷痍」がある。演じたのは初代春日井梅鶯《かすがいばいおう》。戦争で負傷した兵隊の療養所での話である。療養所にいる傷病兵が障子をはっている一匹の弱った蚊をみつめ、第一線から後送された我が身の不甲斐なさを嘆くくだりがあった。

そこが「女々しい」「けしからん」と軍部の厳しい検閲にあった。

藤森成吉は、愛国浪曲にふさわしくない作品をつくったのである。藤森は検閲された「傷痍」に代わって「長英の新出発」(江戸時代後期の医者・蘭学者の高野長英の物語)をつくった。明治座の愛国浪曲大会では、「傷痍」を演じた初代春日井梅鶯だったが、検閲後は「傷痍」を演じていない。

ラジオでも梅鶯の「傷痍」を放送する予定であったが、「南部坂雪の別れ」に変更されている。そのためだろう、当時発行された『愛国浪曲になった名作小説選』に、「傷痍」は掲載されておらず、『愛国浪曲台本集』には、「傷痍」に代えて「長英の新出発」が収録されている。

戦争が〝泣き〟を嫌った例は他にもある。

二代目天中軒雲月がテイチクレコードから「乃木将軍正行寺墓参」を出した時、情報局の検閲にあっている。日露戦争で息子を失った老婆が、乃木将軍と知らずにその悲しみを訴える場面がひっかかったのである。

「金鵄勲章もらうより、せめての事に倅めが、片輪になっても構やせぬ……」と、生きて帰ってくれてほしかったとの母心が雲月の節になって流れてくる。その〝泣き〟の場面が、厭戦気分をつくりだしてしまうと叱責されたのである。

「佐渡情話」の廃棄を考えた寿々木米若

一九四〇年、新体制が叫ばれた頃、寿々木米若は、時節柄ふさわしくないので〝泣き〟の多い十八番物の「佐渡情話」を「廃棄したい」と真剣に考えていた。「佐渡情話」は、新潟県の佐渡島に伝わる島の娘と越後の国柏崎から来た男との悲恋の民話を、米若が民謡の佐渡おけさもからめてつくったものである。

日本浪曲協会書記長の永田貞雄は、

「丁度寿々木米若君から、米若の〝佐渡情話〟か〝佐渡情話〟の米若かといはれた十八番物の〝佐渡情話〟を廃棄したいと申し出があつた。米若君はそのかわりに〝妻〟や、〝婦人従軍歌〟なぞの新しい時代的な作品に移行して、新境地を開拓しやうとしてゐる」(＊4)

「英霊布団」が収録された
『復活！ 志ん生落語大全集』第９巻

と述べている。

実際に、米若が「三十九年末までの期間に口演した演目は軍国美談がある一方で、『佐渡情話』『紀伊国屋文左衛門』などの戦争のからまない演目もあった。しかし四〇年以降、ラジオで口演する演目としては『新作』の軍国美談にさらに重点がおかれる」（＊5）ようになった。

〝泣き〟の傑作「英霊布団」

戦時中に〝泣き〟の傑作とも言える浪曲がつくられていた。一九四〇年八月に、ポリドールから発売された正岡容の「英霊布団」である。口演は天才少女浪曲師の春日井おかめ（当時八歳）。次のような物語であった。

「英霊布団」の舞台は神田の立花演芸場。レコードには劇中劇として実際の五代目古今亭志ん生の落語「女給の女」の一席と柳家小半治の江戸前の都々逸が入り、寄席の雰囲気が溢れんばかりの貴重なもの。

どっと笑いが起きる中、年の頃四十代の女性がまぶたを押さえてすすり泣く。びっくりしたお客が声をかけると、落語が好きだった息子が南支で戦死して今日が命日、この立花演芸場に来たが、おかしければおかしいほど、あの子が喜ぶかと、ついほろほろと泣きました、ということであった。

次の日、立花演芸場の木戸口にかの婦人がやってきて、「倅の代わりにどこかへ座布団を敷いて下さい」と木戸銭を置いて姿を消した。席亭も楽屋の芸人も感に打たれ、涙を流すのであった。

それからは毎晩毎晩、英霊（息子）のために座布団を敷くようになった。戦士した落語好きの息子に、せめて落語を聞かせてやりたいと思う母心が涙をさそう浪曲の傑作である。

国民の心を打ったであろう〝泣き〟の傑作は、政府・軍部にとってはもっとも「けしからん」となるはずだった。しかし、この浪曲が検閲にあったという話は記録上ない。聞き漏らしたのだろうか。

正岡容は、政府・軍部が〝泣き〟を嫌っていたことをよく知っていたと思うが、よくぞこうした話をつくったものである。

（三）吉川英治も書いた愛国浪曲

国民精神総動員運動の一環として

軍事浪曲のあとに登場したのが愛国浪曲であった。

愛国浪曲は、軍事浪曲をさらに「発展」させて、浪曲をつうじて国民の戦争協力の意識を高めるものとして、政府・軍部の意向をうけた内閣情報部（のちの情報局）と大政翼賛会の肝いりで誕生した。

情報局の機構と任務をしめした極秘文書には、演芸関係に対する国策遂行のための指導に関して、

「例えば浪曲においては『浪曲向上委員会』（仮称）の如きものをつくらせて愛国浪曲を推進力として浪曲の向上浄化を図ると共に浪曲による国策の啓発宣伝にも資し度いと考えている」

と記述されている。

前述したように一九三七年八月、第一次近衛内閣は、国民精神総動員運動を呼びかけた。これをうけて、内閣情報部（情報部）は、庶民の心を揺さぶる浪曲に目をつけた。検討する中

で、国民的人気はあるものの中間層・インテリ層にまだまだ浸透していないこともわかった。軍事浪曲をもっと「高級なもの」として発展させ、国民のあらゆる階層に浸透させるにはどうしたら良いか、と考えられたのが愛国浪曲であった。

愛国浪曲は、「より質的にも国民に受け入れられる高い作品であると同時に、『国民』が『勇気』を出し『国家の為一致結束して身を捨てる』ようになる」（＊6）ことが期待された。

著名な作家が次々と原作小説

そのために当時の一流の作家に浪曲の原作をつくらせることにした。

さっそく経国文芸の会とも連絡をとり、作家たちに浪曲の原作小説を書くように指令が入った。経国文芸の会とは、一九四一年十一月に、作家の佐藤春夫、倉田百三、冨澤有為男《とみざわうい お》、歌人の斎藤瀏《りゅう》、評論家の難波田春夫《なにわだはるお》を発起人に設立された会である。

「国策を無視する遊戯文学の屏息を期するとともに、御用作家風の軽薄な芸術を改め、志士の如き熱情をもつて祖国の文化のために心身を捧げたい」と設立趣旨にうたっている。国策協力・戦争遂行を推進する文芸界の組織であった。

愛国浪曲の原作小説を書いた顔ぶれは、『父帰る』の菊池寛、『一本刀土俵入』の長谷川伸、『宮本武蔵』の吉川英治など豪華なものであった。

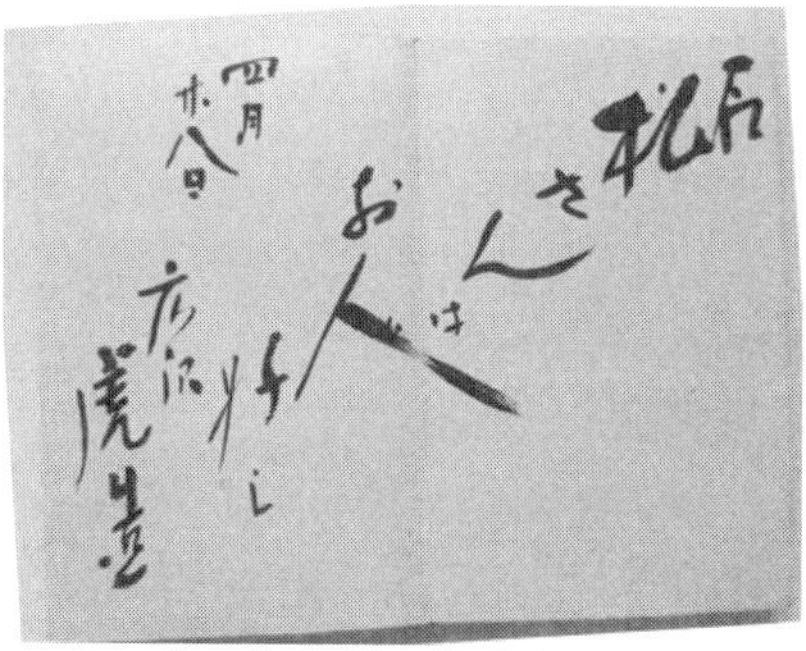

2代目広沢（廣澤）虎造のサイン
（1939年4月28日）

彼らが原作小説を書き、それにもとづいて浪曲台本が書き上げられ、それを二代目廣澤虎造、寿々木米若など一流浪曲師・新進気鋭の浪曲師が語ったのである。

政府・軍部の力の入れようは中途半端ではなかった。最初から「愛国」を前面に押し出し、愛国浪曲発表大会まで開催された。

愛国浪曲の発表大会が東京の明治座で開かれたのは、一九四〇年十一月二十六日から三日間であった。浅草松竹座、横浜宝塚劇場でも開催、十二月には大阪の中座でも開催されている。

東京の明治座で演じられたのは十演目。大阪の中座で演じられたのは八演目。重なる演目はなかった。

愛国浪曲には時代篇と現代篇がある。時代物は歴史上の事柄を題材にした物語で勤王思想に彩られた幕末・明治時代のものが多く、忠君愛国が根底にある。

現代物は、戦争と同時進行で戦局を伝え、お国のために兵隊、国民が尽くす物語となっている。

愛国浪曲大会で演じられた十八作品

明治座と中座の愛国浪曲大会で演じられた演目は次の十八作品である。《　》内は前者が原作者、後者が出演者（浪曲師）である（巻末に資料として内容紹介。叙述が重複しているものもある）。

【東京・明治座】

◇「新嘉坡《シンガポール》の白梅」《木村毅・東武蔵》〔現代篇〕

シンガポールで英国と争っていた時、母親が日本人の娘が命をかけて要塞設計の秘密地図を手に入れ、母の遺言どおり、天皇陛下の御ためにに尽す愛国美談。

◇「筑紫の博麻呂」《白井喬二・東家楽燕》〔時代篇〕

朝鮮が新羅、百済、高麗の三つの国から成立していた時代の大伴博麻呂の誠忠談。自分が犠牲になってもお国の為にいかに尽くすかを奨励する物語。

◇「傷痍」《藤森成吉・初代春日井梅鶯》〔現代篇〕

前述したように、療養所にいる傷病兵の話。傷病兵が障子をはっている一匹の弱った蚊をみつめ、第一線から後送された我が身の不甲斐なさを嘆く下りが、軍部から戦意高揚どころか厭戦気分になると指摘され、『愛国浪曲台本』では『長英の再出発』〔時代篇〕に差し替えられている。

◇「十四日の月」《子母澤寛・初代木村友衛》〔時代篇〕

水戸の教育者・日新塾の責任者・加倉井砂山の弟子・與野助九郎と藤田東湖の息子小四郎などの幕末の天狗党を扱った物語。勤王・愛国の大事さを強調。

◇「村上六等警部」《尾崎士郎・酒井雲》〔時代篇〕

明治時代の神風連の乱（敬神党の乱）を背景にした物語。兄は乱を取締る村上六等警部。弟は神風連の一員。二人とも死ぬが立場は違うが国を思う気持ちは一つと愛国を賞賛。

◇「近衛篤麿」《菊池寛・松風軒栄楽》〔現代篇〕

日本の政治家で貴族院議長を務めた近衛篤麿の話。軍国の英傑として篤麿、文麿と代々天皇に仕えたことを高らかにうたいあげている。

◇「涙の舟唄」《長田幹彦・寿々木米若》〔現代篇〕

愛香は芸者となり、弟の少年航空兵になる資金を工面。姉が芸者になったことを嫌がる弟を説得したが二人は音信不通に。尺八で舟唄を吹いている盲目の水兵が弟とわかり二人は対面。弟は傷が治ったら、再び「誉の前線」に出て天皇陛下の御楯となることを姉に誓う。

◇「天下の糸平」《武田麟太郎・二代目玉川勝太郎》〔時代篇〕

天狗党の乱に加わり、敗北後、商売に生きることを決意、明治時代に財界きっての大立物となった田中平八の若き日の物語。
◇「函館碧血碑」「長谷川伸・二代目廣澤虎造口演」〔時代篇〕
戊辰戦争の時、五稜郭で新政府軍とたたかい敗れた旧徳川軍の遺体を弔った柳川熊吉の義憤とそれを容認した官軍の寛大さを物語る。
◇「桜ふぶき」《長谷川時雨・初代春野百合子》〔時代篇〕
戦国時代の烈女・お勝の物語。お勝は夫となる織田信長の弟・信行の家臣・津田八彌を闇討ちした佐久間七郎左衛門を追って、美濃の斎藤家に上手く入り、見事、敵討ちをする。斎藤家に置いておけなく、お勝は徳川家康の領地・岡崎に行く。信長はお勝を引き渡せと迫るが、家康は「古来稀なる列婦」と言ってそれを断る。織田家と徳川家の争いとなる。お勝は斎藤家、織田家と徳川家の確執を解決するための「義」をとり自害する。当時の政府・軍部は、この話を夫が戦地にいる銃後の妻としての生き方、銃後の国と家を守る「良妻賢母」を奨励するものとして歓迎した。

【大阪・中座】
◇「大場鎮《だいじょうちん》の一夜」《佐藤春夫・梅中軒鶯童》〔現代篇〕
上海南方の大場鎮の一夜、石田中尉は中国人の少年を助ける。石田中尉は負傷し手足が利かなくなったが、恩に感じた少年は石田の手足となる。少年は日本に渡来、日本人となって亜細亜の建設のために尽そうと学問に志す軍事美談

◇「大楠公夫人」《吉川英治・吉田大和之丞》〔時代篇〕

足利方の漆間小四郎綱高は、楠木方の捕虜となるが、その心ある寛大な対応と私心なく天皇に命をささげる姿を見て楠木方となる。裏切ったと疑った父・蔵六も大楠公夫人の姿を見て楠木方となる。

◇「国難」《加藤武雄・吉田奈良丸》〔時代篇〕

蒙古来襲の時、神風がふいたという逸話をもとにした神国日本の美化。

◇「血を嗣ぐもの」《久米正雄・富士月子》〔現代篇〕

看護婦・千代の献身的な介護と輸血により生き延びるが、千代はコレラで死ぬ。落合は千代の墓の前で血を受け嗣いでお国のために尽すと誓う。

◇「東天紅」《浜本浩・京山幸枝》〔現代篇〕

日本三大長鳴鶏の一つ東天紅を可愛がる松山上等兵の物語。東天紅の縁で戦死した井上上等兵の遺族と知り合う。命をお国の為に捧げることの大切さ、銃後の国民の在り方を描く物語。

◇「諏訪湖の蘆」《富澤有為男・京山小圓嬢》〔現代篇〕

　一九三六年のベルリンオリンピック大会で日本人として金メダルをとった朝鮮人・孫基禎の話。戦前、日本は朝鮮を侵略、朝鮮人は日本人として扱われた。

◇「まごゝろ」《倉田百三・宮川松安》〔時代篇〕

『愛国浪曲になった名作小説』では観音信仰と父娘の愛情を描いた「お礼参りする親子」。大阪・中座の口演では「まごゝろ」となっている。

愛国浪曲「東天紅」の SP レコード

◇「少年街の勇士」《竹田敏彦・日吉川秋水》〔現代篇〕

　獅子内上等兵は銃撃戦で戦死。死ぬ間際に木島少尉に託したのは、この戦場を描いたかきかけの紙芝居。紙芝居で戦場の皇軍の活躍を少年たちに伝えたかったのだ。

「愛国浪曲試聴会」

　愛国浪曲発表大会につづき、一九四一年一月三十日、情報局講堂（旧帝国劇場）で愛国浪曲試聴会が開催された。

「讀賣新聞」は、

「三十日の夜、情報局講堂の演壇から朗々と浪花節が流れてくる。久し振りに色めきたつ旧帝劇のステージ。これは大政翼賛会の肝煎りで開催されたもので、聴衆は目下翼賛会で登院中の貴衆両院の議員諸氏が主賓格。

何しろ帝劇はじまって以来の両院議員の総見である。禿頭白頭もあれば、赭顔・髭面・デップリ型もそこかしこ。後は主催側、各省関係者千三百人が三階までギッシリの大入満員。職域奉公に燃える浪曲師も一段と声を張り上げる次第」（＊7）

と報じている。

演目は、「筑紫の博麻呂」、尾崎士郎原作・京山華千代口演「県令大山綱良」、「十四日の月」、榊山潤原作・寿々木米若口演「第二の戦場」である。

また、同年二月二十四日から二日間、大阪歌舞伎座で第二回愛国浪曲発表大会が開催された。演目は、大木惇夫原作・三代目広澤《ひろざわ》虎吉口演「荒地」、保高徳蔵原作・二代目京山小圓口演「淀屋辰五郎」、土師清二原作・日吉川秋斎口演「近江商人」、三上於菟吉《おときち》原作・廣澤晴海口演「雲に鳥無常剣」である。

愛国浪曲については、『愛国浪曲になった名作集』、『愛国浪曲台本集』、レコードなどが残されている。名作集は小説そのものであり、時代篇九作品、現代篇六作品、合計十五作品が収録されている。台本集には上巻、下巻合わせて時代篇十二、現代篇九の合計二十一作品が収録されている。

原作と台本を比べて見ると台本が原作より短くなっており、筋が単純化され、「忠君愛国」など国策に順応する部分がより強調されている。

また節の部分を挿入することによってより浪曲らしさが増しているとともに、そこに戦争賛美・国策順応が強調され、登場人物の感情を移入させて、戦意高揚をうたいあげるようにしている。台本は、原作に比べ、政府・軍部の意向がつよくあらわれている。

(四) 聴衆からも浪曲師からも不評

国家押し付けの義理人情

愛国落語は、国家の期待に反して成功していない。

戦争協力があたり前の時代、作家も浪曲師も愛国浪曲に正面から取り組んだ。しかし国民にも浪曲師にも不評だったのであった。

浪曲の魅力の一つは、「義理人情の世界」を語ることにある。愛国浪曲では、その部分が、国家と天皇に命をささげる義理の押し付けとなっている。禁物の〝泣き〟はあるが、国家への義理と家族や自分の命や暮らしという人情との「板挟み」とならず、国家のために家族や人間の命を犠牲にする一方的な美徳に涙するというのだから無理がある。

「新嘉披の白梅」では、日本の為に「お梅」という娘が、英国の要塞設計の秘密地図を命をかけて手に入れてくれる。「忠臣蔵」の岡野金右衛門と大工の娘およねを思わせる。この場面では、秘密地図を手に入れたかった日本人記者とお梅の心の通い合いが大事なところだが、人情どころか、「天皇陛下の御ために死んでいける」と、国家・天皇への犠牲となること（愛国浪曲で描く大きな国民の義理）が美化される。

聴衆が願っているのはもっと純粋な義理人情であり、国策の押し付けではなかった。愛国を「押し売り」する内容は、「本来、主義主張を説くよりも、庶民の抱く情念や祈りを人々の感性に訴える芸」（＊8）である浪曲の魅力を削いでしまった。また、題材が固く娯楽性が乏しいことや、台本が渡されて演じるまでの期間が短く、浪曲師の稽古不足もあり、成功しなかったのである。

大きなもので覆われているような気分を、いっとき吹き飛ばしてくれるような笑いや涙を求める聴衆、庶民は、戦争遂行のために作家や浪曲師が真剣に取り組んでいることは評価しつつも、とてもそのような浪曲を楽しむ境地にはならず、浪曲師が登場すると「〇〇を演《や》れ」と得意ネタを催促して野次を飛ばすこともあった。

本音が聞こえる愛国浪曲座談会

一九四一年二月号の雑誌『日の出』に面白い座談会がある。「一流浪曲家総出動!!　愛国浪曲座談会」である。この座談会は、浪曲を聴くことによって「国民大衆は時代意識に目覚めた」など愛国浪曲を評価し、いかに真剣に取り組んだかを語り合っているが、苦労談の中に浪曲師の本音も聞こえてくるのである。

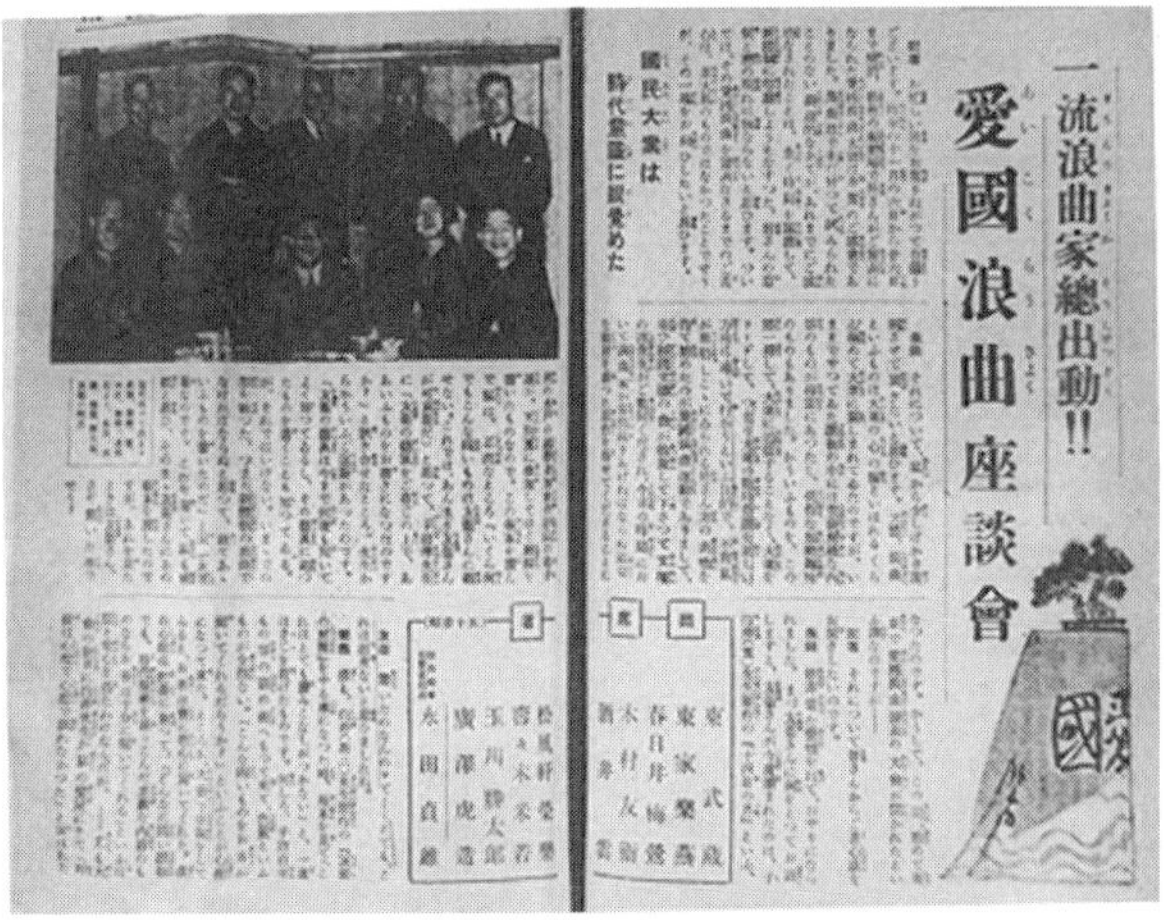
一流浪曲家總出動!!
愛國浪曲座談會
國民大衆は時代意識に目覺めた
東武藏
東家樂燕
春日井梅鶯
木村友衛
酒井雲
松風軒榮樂
壽々木米若
玉川勝太郎
廣澤虎造
永田貞雄

愛国浪曲座談会の記事（『日の出』1941・2）

出席者（代数は省略）は、東武蔵、東家楽燕、春日井梅鶯、木村友衛、酒井雲、松風軒栄楽、寿々木米若、玉川勝太郎、廣澤虎造、そして浪曲協会書記長の永田貞雄である。文字通りの「一流浪曲家」総出動である。

最初に永田貞雄が、愛国浪曲は「大衆に追従することなく、大衆をリードして、つまり大衆の戦時意識を正しい方向に導いて行こう」という目的で開催されたことを強調しているが、実際に演じた浪曲師たちの反応は違った。

浪曲師たちは、

「とても、これは出来ないと思った」

「こんな固いものをお客が聞いてくれるだろうか?」

「二十日や十日前に台本を渡され、二、三回巡業先で読んだだけで晴れの舞台にかけたんだから、思えば随分無理をした」

「客席から『そんな新作なんか聞たくねえ、得意のものをやれ、得意ものを……』という声がした」

などと語っている。

浪曲師が一同に集められ、台本が渡された時、「こういう新作台本は出来ない」と堂々とのべた浪曲師がいた。関西浪曲界の二代目広澤《ひろざわ》虎吉である。

虎吉は文壇諸大家・政府側役人を前に、「一体、こういう新作台本は私は甚だ不得意でやれと云われてもやれまへん。芸人は自分の持っている芸を大切にして、その芸でお国にご奉公すればこそ愛国であって、戦争ものを読んだからというてそれが何の愛国だっしゃろ」(*9)とはっきりのべている。

戦争協力をリードした浪曲向上会

愛国浪曲は不評であり、その動きは一九四一年をもって終わり、国民を戦争に総動員する浪曲の役割は浪曲向上会に委ねられた。浪曲向上会は、情報局の指導で一九四一年五月二十七日に発足した。会長は歌人将軍といわれた斎藤瀏、参与・委員には長谷川伸、尾崎士郎、作曲家・堀内恵三、吉田奈良丸、寿々木米若などが名をつらね、永田貞雄と南条一が総務、松沢太平が幹事となった。

浪曲向上会は、愛国浪曲の作成でも重要な役割を果たしたが、それが不評で幕を閉じたあとも、浪曲界の戦争協力推進の先頭にたち、浪曲動員協会、浪曲作家協会結成を経て、一九四二年十月一日、情報局と日本放送協会の後援で国民浪曲賞を設定した。

国民浪曲賞は、「日本の精神の高揚、健全なる国民娯楽の樹立を主旨とし、あらかじめ選考した参加者の新作放送を対象にして行われ」「終戦の年まで続き、参加作品は再放送を含めると百本にちかい、新作の浪曲家に与えた影響も大きい」(＊10）ものがあった。

戦時下の浪曲界は日本浪曲協会、大阪の浪曲親友協会、九州の興浪会の三団体を合併して日本浪曲会を発足し、会長は浪曲向上会会長斎藤瀏が兼任、いっそう戦争協力を推し進めた。

一九四二年一月二十七日から四日間の日本劇場での「必勝浪曲大会」、六月の「軍用機献納浪曲大会」など戦争協力を意識した浪曲大会が各地で開催されている。一九四四年には浪曲挺身隊が結成され、大政翼賛会・大日本芸能会・日本浪曲会の主催で「一億憤激米英撃滅浪曲台本」が公募されている。

浪曲界は戦時下、不評を知りつつも軍事浪曲、愛国浪曲、国民浪曲と一貫して国策に順応したのである。

【注】

＊1　梅中軒鶯童『浪曲旅芸人』（青蛙房、一九六五年）、二六二頁
＊2　正岡容『定本 日本浪曲史』（岩波書店、二〇〇九年）、二二四頁
＊3　レコードコレクター・森川司氏からの聞き取りによる（真鍋昌賢『浪花節―流動する 語り芸』＝せりか書房、二〇一七年）、一三七頁。
＊4　『オール演芸』一九四〇年九月号、一二頁
＊5　前出（＊3）、真鍋昌賢『浪花節―流動する語り芸』（セリカ書房）、一一四頁
＊6　同、一六一頁
＊7　「讀賣新聞」一九四〇年一月三十一日
＊8　唯二郎『実録浪曲史』（東峰書房、一九九九年）、七六頁
＊9　中川明徳「太平洋戦争と浪曲界」（『文学』一九六二年四月号、三七四頁）
＊10　唯二郎『実録浪曲史』（東峰書房）、一一〇頁

第四章　政府・軍部からの信頼厚かった講談

（一）「忠君愛国」を注入

講談は雑誌などに「愛国講談」としたものが一部見られるが、浪曲とは違って、大々的に「愛国講談」として展開されていない。浪曲より戦争協力の度合いが低かったわけではない。わざわざ「愛国」とする必要がなかったのである。

講談こそ政府・軍部の信頼は厚かった。

軍人から「お座敷」に呼ばれることも多く、現代の講談師・三代目神田山陽は、

「その頃講談は随分お金をもらったそうです。六代目一龍齊貞山という方が一回お座敷に出ると、落語家の出演料が一回一万円だとすると、五～六人の軍人に聞かせるだけで五十万

円くらいもらっていたそうです」(＊1)と語っている。金額はともかくとして他の演芸と比較しても政府・軍部からの信頼は厚いものがあった。

なぜだろうか。

「義士伝」が盛んに演じられた訳

その一つは、演目から来ている。

戦時中の雑誌で、当時講談組合頭取であり講談落語協会会長でもあった講釈師六代目一龍齋貞山は講談について、「忠君愛国、義士、烈婦、武人の物語が繰り返されて話され、軍談物といつた風な武張ったものが、即ぐ思い出されるくらいで、日本精神にのつとつた読み物が比較的多い」(＊2)と述べている。

講談はもともと歴史の出来事を読む芸であり、伝統的な演目には、軍談(「源平盛衰記」「太平記」「川中島合戦」など)、御記録物(「太閤記」「真田三大記」「赤穂義士伝」など)、世話物(「天保六花撰」「お富与三郎」「小猿七之助」など)、端物(一席物など)……など多彩なものがある(＊3)。

そこには、織田信長、豊臣秀吉、徳川家康など歴史上の人物をはじめ昔の殿様や武将、天皇とその忠臣も登場する。舞台の時代は封建時代。君主を敬い、そのために命をかける話もある。

そこが、政府・軍部の願う方向と波長が合った。講談そのものは戦争遂行をこれ見よがしに奨励するわけではないが、演目を選べば、客は講談を聞きながら忠君愛国の精神を受け入れもしたのである。

軍国主義における道徳教育の中心的徳目の一つに武士道が強調され、忠君愛国教育を重視した政府・軍部としては、講談を歓迎し、自分たちに都合の良い部分を大きく評価、願ったり叶ったりの演芸としたのである。

伝統的演目では、とくに「義士伝」（忠臣蔵）が歓迎された。「義士伝」、正式には「赤穂義士伝」と言い、江戸時代に起きた大石内蔵助など四十七人の赤穂藩の浪人たちが吉良上野介《きらこうずけのすけ》の屋敷に討ち入り、旧主浅野内匠頭《あさのたくみのかみ》の無念をはらした事件を読んだ講談。

事件の全容を読んだ「本伝」、四十七人の義士一人ひとりの「銘々伝」、吉良方の人も含め義士と関わりのあった人々やその交流を読んだ「外伝」がある。

「義士伝」はさまざまな要素・魅力があり、義理人情が巧みに読まれ、戦争遂行を願ったものでも、国家への忠誠を強調したものでもない。

しかし、明治になって天皇が彼らを賞賛したことから、主君である浅野内匠頭への忠誠が、「あたかも国家への忠誠でもあるかのように、否、もっと限定するならば、天皇への忠誠にも共通するものがあるかのごとくに」(＊4) 強調されるようになった。

当時の政府・軍部はこれに便乗し、「お国のため、天皇のために命をかける」精神を涵養させるものとして、講談を盛んに奨励した。

政府・軍部は、純粋に「義士伝」を楽しんでいた国民の心を踏みにじったのである。

講釈師の方も、時局物をやるより伝統的な演目で良かったのですすんで「義士伝」演じた。とくに講談界の重鎮・六代目一龍齋貞山は「義士伝」をお家芸としていた。

講談や浪曲は、ラジオでも盛んに放送された。日中戦争が激化した一九三八年四月から翌年三月までの講談の放送回数は八十九回となっている。かなりのものである。

一九三八年のラジオ番組を見ると、人気を二分していた一龍齋貞山と大島伯鶴《おおしまはっかく》の出演が目立つ。貞山が十五席、伯鶴が九席となっている。貞山の演目は義士伝が中心であった。

その年のラジオで放送された講談の演目のうち義士伝は「二〇・七%をしめて」いる(＊5)。

「桜井の別れ」は国定教科書に

伝統的演目で歓迎されたのは義士伝だけではなかった。

講談はもともと「太平記読み」といわれた。「太平記」は、南北朝時代を舞台に、後醍醐天皇の即位から、鎌倉幕府の滅亡、建武の新政と崩壊、南北朝分裂、室町幕府を二つに裂いた観応の擾乱《じょうらん》、二代将軍足利義詮《よしあきら》の死と細川頼之の管領就任頃までの約五十年間の軍記物語である。天皇を敬い命を捧げ、明治時代以降に「大楠公《だいなんこう》」と称された楠木正成《くすのきまさしげ》などが登場する。

戦前の国定教科書・初等科国史

後醍醐天皇の忠臣、楠木正成は、国定教科書や初等科国史などに登場し、とくに「桜井の別れ(訣別)」は、軍国教育の材料として重用され、政府・軍部から歓迎された。

数十万の軍勢を持つ足利尊氏側と、その二十分の一の軍勢の朝廷側とのたたかい。楠木正成は、尊氏と和睦するか、いったん都を退いた上でたたかうことを進言したが、聞き入れられず、正成は、帝＝天皇のために死を覚悟して、湊川の戦場に赴く。

その途中、西国街道の桜井駅《さくらいのえき》で嫡子・正行《まさつら》を呼び寄せて、「お前を故郷・河内へ帰す」と告げる。「最後まで父上と共に」と懇願する正行に対し、「お前を帰すのは、自分が討死にしたあとのことを考えてのことだ。帝のために、お前は身命を惜しみ、忠義の心を失わず、一族郎党一人でも生き残るようにして、いつの日か必ず朝敵を滅ぼせ」と諭した。

楠木正成の「帝のために不利なたたかでも死を覚悟して潔くたたかった姿」、「死を覚悟したあとも、息子に『いつの日か必ず朝敵を滅ぼせ』と自分が死んだあとまで、帝につくすことを託した姿」が臣民の鏡、「忠孝」のシンボルとされた。

侵略戦争をおし進め、兵隊・国民が「天皇のために死ぬ」ことを是としていた政府・軍部は、この楠木正成の生き方を高く評価したのである。

明治十九年春、二代目松林伯圓が、明治天皇の御前講演で、口演したのが「桜井の訣別(桜井の別れ)」であった。明治天皇は大変満足したらしい。

(二)「諸刃の剣」となった講談芸

講談は主張を伝えるのに適していた

講談が政府・軍部から歓迎、信頼されたのはそれだけではない。

第二の理由は、その芸の特徴にあった。

もともと文章があり、それを朗読・朗誦したのが講談である。落語は登場人物の会話を中心に展開する芸だが、講談は、説明部分を中心に会話を入れて展開する芸である。脚本、台本でいうところのト書き部分を読む話芸である。

それは「諸刃の剣」ともいえる。

講談の歴史を紐解くと、主張を述べるに適した講談がその時代の権力者を批判することがあれば、権力者に利用されることもあった。

江戸時代中期の講釈師・馬場文耕は、幕政を批判したかどで死罪に処せられている。逆に八代将軍吉宗の時代、講釈師・神田伯龍子《かんだはくりゅうし》は、大名・旗本の屋敷で「三河後風土記」を講じ、徳川幕府の宣伝に利用されている。すっかり幕府にとりこまれた伯龍子は、町人宅に招かれても断ったという。

日清戦争・日露戦争の現地ルポ・実記を語り、明治政府の天皇中心の中央集権国家づくりに役割を果たした。満州事変以降では、国民に忠君愛国、日本精神をつたえ、国民精神を戦争に動員するのにふさわしい演芸として歓迎されたのである。

ラジオから浪曲とともに講談が頻繁に放送されるようになった。

「一九三八年二月十二日、これまで社会教育番組を放送してきた第二放送（東京、大阪、名古屋各中央局発）の中に、日曜日を除いて毎日午後八時から三十分間、大衆芸能が入ることになった。また第一、第二放送を通じて、日本の醇風美俗を織り込んだ浪曲、講談、物語、琵琶、義太夫などが、『教化演芸』として放送された。

この企画は、国民精神総動員の第二回強調週間を契機として、出征将兵の活躍や銃後の佳話、または古今の美談などを通して日本精神を強調し、あわせて国民の戦意を高めようというもので、特に大衆に人気のある浪曲、講談は、週二回ずつ放送された」(*6)

のである。

国策に順応した講談を創作

新作講談のすべてではないが、多くは、戦争遂行の国策に順応した新講談が創作された。前線に従軍してつくった宝井馬琴「建設部隊」、大島伯鶴「日本刀の威力」、神田越山「自動車に籠る忠魂」、旭堂南陵「軍談・支那事変記」、服部伸「噫! 倉永部隊長」、宝井馬琴「先生八百屋」などがある。

軍事物の新作講談というと戦場の日本軍の活躍ぶりや、軍人美談が多かったが、宝井馬琴「先生八百屋」は違っており、銃後の国民が戦争遂行にどう協力すべきかの心構えを描いたものである。

この物語の主人公は、埼玉県のある小学校の代用教員をしていた奥山八重子である。ある日、受け持ちの青山光子という生徒の父親が訪ねて来る。急に応召すること(戦地におもむくこと)になり、妻が神経痛で身体の自由にならないところから、ついては、先生に何分面倒をみて頂きたいとの申し出であった。

奥山八重子はこの申し出を快く引き受けて、一生懸命世話しているうちに、光子の兄の錦三郎にも召集令状が来る。八重子は、錦三郎に代わって八百屋の車をひいて町を歩くことになった。

これが「先生八百屋」と評判となる。かつての同僚で奥山八重子の姿を笑った瀬川先生も訳を知り、すっかり感激するのであった。

これは田村西男の作で、一九四〇年十月七日午後八時十分からラジオ放送され、出征の家を助けて荷車を引いた美談として評判を呼んだ。銃後の国民はかくあるべしとの思想を植え付ける役割を果たしたのであった。

ラジオ放送と関連し、小説家の原作によって、これまでの伝統的講談とは違う新しい物語の講談を読む動きも現れた。『日本放送史・上』(日本放送協会、一九六五年)に次のように書かれている。

「宝井馬琴がたびたびの従軍から得た新作を発表して意欲的なところを示しているが、時局下の放送に適する読みものに不足する実情から、放送協会は紀元二千六百年記念事業の一つとして新作講談の創作を委嘱して放送した。昭和十五年九月、木村毅作『花大人』（連続三回）宝井馬琴、昭和十六年三月、長谷川伸作『名人竿忠』一竜斎貞丈、同年十月、諏訪三郎作『二宮尊徳伝』一竜斎貞丈、同年十一月、山本周五郎作『肥前名弓伝』一竜斎貞山などがこれである」

(三) 禁演講談があった

講談は政府・軍部からの信頼は厚かったが、それは忠君愛国や日本精神を広める芸、戦意高揚の芸としての範囲であり、戦争遂行に反するもの、厭戦気分を増長させるものには徹底した統制が加えられた。

賭博、博徒、白波物、毒婦物は一切撤廃

落語だけでなく、演ずることを禁止した講談の演目があった。禁演落語ならぬ禁演講談である。政府・軍部の干渉もあったが、禁演落語同様に「自粛」という形式で発表されている。

六代目一龍齊貞山は、「落語の方では十二日寄り合ひをして、高座に出すべきもの、出すべからざるものをキチンときめ、新体制に呼応して、粛正を表明しましたが、講談も、最近、皆して寄り合って今迄の出し物の一つひとつの筋と内容を調べ、有益でないものは此際やめるやうにいたすつもりです」（『オール演芸』一九四〇年九月号、四頁）と、「自粛」への決意を述べている。

貞山は、講談は忠君愛国などの物語が多いと述べると同時に、演目の内容によっては改訂が必要と述べている。例えば「紀文」を取り上げ、

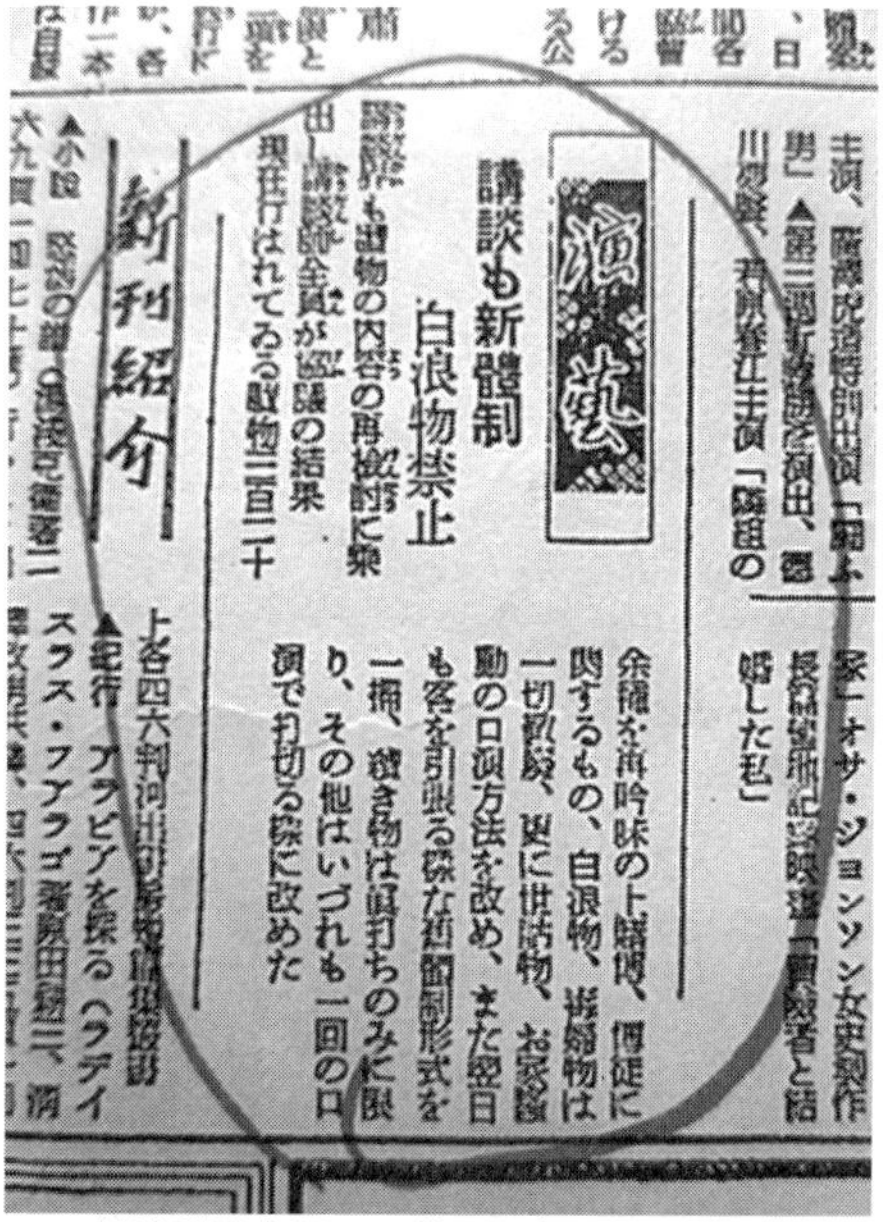
演藝
講談も新體制
白浪物禁止
新刊紹介

禁演講談を報じる「朝日」（1940・10・1）

「江戸の火事を好機に、材木を切り出して大儲けするなぞは、商人の機転といへばいへないこともありませんが人の困つてゐる所へつけ目に大儲けするやり方は、今日の政府の方針に見て、大変な間違ひだと思はれます。そこで英雄主義みたいなもの、独善主義みたいなものは此際やめた方がよいと思はれますし、紀文の物語にしろ改訂する必要があります。

たとへば蜜柑を江戸へ持つて来て大儲けしたなぞも儲けやうとしたのでなく、江戸っ子の要求を満したものと考へ直すやうにしたら如何かと思はれます」（同四―五頁）

と語っている。

貞山はさらに、

「『村上長庵』『雨面藤三郎』『畦倉重四郎』なぞの悪人の物語、『稲葉小僧』ほか泥棒の物語、なぞは当然読んではならないものでせう」「それからお家騒動、『伊達騒動』『加賀騒動』『黒田騒動』その他沢山の騒動ものがありますが、これも何うかと思はれる。といふのは騒動物にはつきものゝやうに悪人がはびこる、お妾さんが出て情痴の世界を描く――あまり面白い傾向ではありません」（同五頁）

と述べている。

さっそく一九四〇年九月、禁演落語が発表された直後に、講談師全員の協議の結果、「現在行はれてゐる読物三百二十余種を再吟味の上賭博、博徒に関するもの、白波物、毒婦物は一切撤廃、更に世話物、お家騒動の口演方法を改め、また翌日も客を引張る様な旧体制型式を一掃、続き物は真打ちのみに限り、その他はいづれも一回の口演で打ち切る様に改めた」（「朝日新聞」一九四〇年十月一日）のである。

ラジオでは、時局にふさわしくない演芸が演じられたらまずいので、漫談、漫才、浪曲、落語などは、放送前に係が一度聞いてから放送するテスト制がひかれていた。

このテスト制に講談は除外されていが、戦争が激化する中で、挙国一致の戦争指導体制・国民総動員体制となる新体制となり、講談もテスト制になった。

「これは講談のやうに筋が分かりきつたものでも、扱い方や表現の方法に時局的でないことを口走つたりしてはいけないといふところからテスト断行となつたもの」（「読売新聞」一九四〇年九月十五日）である。

この時点では、それでも「貞山と伯鶴二人だけは除外例で、この二人の語り物は一般に馴染が深く、誰しも筋を知つてゐるからといふので、テストは免除された代りに、放送前に係りの者と十分打ち合せをすることになつた」（同）。

浪曲界も講談と同じ方向で「自粛」

浪曲界も講談と同じ方向での「自粛」を行っている。

日本浪曲協会書記長の永田貞雄は、

「たとえば情話物や三尺物の時局ではないといふことは、斯うして第三者から教へられたので、改訂して補へるものは補ひこの際やめても仕方がないと思はれるやうなものは自粛して廃棄すべきだと思ふ」「広沢虎造《ママ》君〝森の石松の用水堀〟なども自粛したい。放送で〝お蝶の焼香場〟が問題になつたそうだが、たゞ斬つたはつたの遊び人風俗を描くのはどうかと思れるのである」「米若、鶯童君などの〝吉原百人斬〟などもいけなさそうだ、吉原遊びもいけないし、次郎左衛門の先祖の話もよくない」「要するに、新体制に呼応して、浪曲家も国民の一人として国家を形造る一細胞としての勤めを立派に果たすべき時である」(*7)

と述べている。

講談界・浪曲界の「自粛」の前に、ラジオ放送ではすでに侠客物の放送が禁止されている。一九四〇年八月六日の「讀賣新聞」に次の「浪花節講談の三尺物も排撃」との記事が載っている。三尺物とは講談・浪曲の侠客物の別称である。侠客は三尺(一メートルほど)の短い帯を締めていたことによる。

「放送協会の演芸放送自粛強化はこれに止らず一時範囲を越えなければ許されてゐた三尺物に迄及び、午後七時五十五分木村友衛の高弟で関東派の中堅木村若衛が東家勝美の三味線で『任侠小金井桜』を放送するはずだつたのが槍玉に挙がり、急に『梶川大力の粗忽』に出し物を変更した。これで三尺物も殆ど電波では絶望の状態になつた」

「任侠小金井桜」は、小金井の侠客・小金井小次郎の物語で、もともとは講釈ネタを浪曲にしたものである。

笠置シヅ子も「君の歌は刺激的」と

常磐津、清元、新内、うた澤、小唄等の邦楽協会も「自粛」している。邦楽協会は、一九四〇年九月二日に日本橋倶楽部で第一回部長、副部長会議を開催し、新体制に即応し、「道行、心中物はこの際遠慮する」ことを決議している。

一九四〇年七月六日公布、七日実施で「奢侈品《しゃしひん》等製造販売制限規則」（七・七禁令）が出され、「贅沢品の製造・販売禁止」にとどまらず、生活・娯楽を自粛・制限された。街には「ぜいたくは敵だ！」のポスター・看板が並び、芸能においても恋や愛、男女の関係だけでなく、派手な衣装・演出が敵視され、それが自粛の方向にも影響している。

宝塚少女歌劇団では、新体制に即応して次の決議をしている。

「一、洋服は白、黒、紺、国防色の無地とし柄物は一切禁止／一、帽子は造花、ネット等派手な装飾物及び縁なしを禁止／一、和装は派手な色柄を廃し、袂は一尺五寸以内とする／一、ショール、飾合羽はすべて赤色を禁ず」（「朝日新聞」一九四〇年九月六日）。

そのうえで、「尚今後はファンとの交際、手紙またはサイン、贈答は一切厳禁することになつた」（同）。ファンとも絶縁するというものである。

二〇二三年度後期放送のＮＨＫ「連続テレビ小説―ブギウギ」の主人公のモデルであり、戦後、「東京ブギウギ」が大ヒットし、「ブギの女王」で一世を風靡した笠置シヅ子（当時松竹歌劇団のスターだった）は、一九四〇年七月二十六日、警視庁に呼びつけられ、「君の唄う歌はどうも刺激的でいけない。ホットジャズやブルースでも、もう少し刺激の少ないやうに注意してはどうか」と言いわたされている（「都新聞」一九四〇年七月二十八日）。

笠置シヅ子の前には淡谷のり子が、衣装とメーキャップが戦時下にふさわしくないと指弾されている。

ボードビリアン（軽演劇の芸人）で人気を集めていたアキレタ・ボーイズ（四人組）の坊屋三郎は統制を恐れ、一九四〇年八月三日、警視庁に自主的に出頭し、寺澤高信検閲主事と懇談している。

寺澤検閲主事からは、「四人の醸し出す雰囲気が愚劣ではないか」「何の意味のない事を取扱つてオチをつけるのがいけない」（同前、一九四〇年八月五日）などと指導されている。

寺澤高信は警視庁の演劇関係係官として、脚本、台本の検閲をはじめ、興行者や出演者へ細かく指導を行っていた。寺澤は演劇・演芸などへの理解もあったが、ボードビリアンとして注目を浴びているミルク・ブラザースやアキレタ・ボーイズの派手なジェスチャーには目をとがらせていた。

【注】

＊1　三代目神田山陽「戦争法案」阻止フォーラムでの講演「講談師は平和ボケ？」より。

＊2　『オール演芸』一九四〇年九月号、四頁

＊3　『定本講談名作全集別巻』（講談社、一九七一年）によると、伝統的講談では、「戦記・軍団物」「武勇物」「騒動物」「政談物」「世話講談」「泥棒・白波物」「怪談物」「漫遊記・道中物」「仇討物」「侠客物」「力士伝」「高僧伝」「名人奇人伝」「明治物」など多くの種類にたくさんの演目がある。これに現代の新作がある。

＊4　松島栄一『忠臣蔵―その成立と展開』（岩波新書、一九六四年）、二一一頁

＊5　井上宏編『放送演芸史』（世界思想社、一九八五年）、四五頁

＊6　『放送五十年史』（日本放送協会、一九七七年）、一二三頁）

＊7　『オール演芸』一九四〇年九月号、一二～三頁

第五章　戦争プロパガンダの漫才

漫才は伝統芸能である「萬歳」から発展した演芸である。新年などに「めでたい言葉を歌唱する祝福芸であった「萬歳」が、しだいに歌や舞、音曲のあいだに滑稽な話をするものになった。それまでの「萬歳」とは違うものという意味で「万才」の字を当てるようになった。

それをさらに発展させたのが「漫才」である。上方では横山エンタツと花菱アチャコがコンビを組み、それまでの和服姿の「萬歳」とはちがって、背広姿で「しゃべくり漫才」をやったのが一九三〇年五月。まだ、「二人漫談」と言っていた。

東京では、東喜代駒・駒千代がフロックコートを身にまとい、鼓をもつという形で「ハイクラス万歳」と称して東京型の漫才を確立し、上方に対抗した。

吉本興業が「吉本演芸通信」を発行し、漫談からヒントを得て「万才」を「漫才」とあらためたのが一九三三年一月。「漫才」の名は全国化し、上方はもちろん東京でも人気を得て、落語、講談、浪曲を追いかけ、演芸の一角を占めるようになった。

（一）国策スローガンをストレートに

日常になった戦争に同伴する漫才

演芸としては後進であった漫才は、戦争と結びつくことによってその「地位」を上昇させた。他の演芸と比べ低く見ていた政府・軍部も、漫才が大衆と結びつき、笑いとともに戦意高揚、銃後の生活の在り方を国民に認識させるものとして、利用価値を認めるようになった。

当初はたわいのない日常事をネタにしていたが、一九三一年に満州事変、一九三七年に日中戦争が起こり、戦争が日常事になると、漫才はそれに同伴するようになった。やがて、浪曲、講談、落語に増して戦争遂行の国策スローガンをストレートに演じるようになり、演芸界での地位を確立していった。

漫才は、落語などと違って伝統の演目があるわけではなく、すべて新作物となる。したがってテーマも現代性を問うものとなり、政府・軍部の指導もあったが、当然のように戦争を扱って笑いを提供した。

戦時下の漫才の興隆は、漫才を戦争遂行のプロパガンダと化することによってもたらされ、演目も国策色の強い国策漫才が主流となった。

吉本興業と「わらわし隊」の派遣

漫才界をリードしていた吉本興業が、「わらわし隊」を結成して戦地に慰問派遣するなど政府・軍部と深く結びついていったことも国策漫才に拍車をかけた。

一九三八年、吉本興業は「朝日新聞」と共同で、中国大陸の兵士を慰問する演芸派遣団（慰問団）を結成し、戦地に派遣した。「わらわし隊」の結成である。「わらわし隊」としたのは帝国陸軍・海軍の先頭部隊の愛称であった「荒鷲《あらわし》隊」をもじったものだった。名付けたのは吉本興業の長沖一《ながおきまこと》（作家）らであったといわれている。

この「わらわし隊」に漫才が積極的に参加している。第一回の北支那班は、柳家金語楼、花菱アチャコ・千歳家今男、柳家三亀松、京山若丸。中支那班は、石田一松、横山エンタツ・杉浦エノスケ、神田廬山《ろざん》、ミスワカナ・玉松一郎であった。

漫談も伴走した。「〝漫談の生みの親は徳川夢声〟〝元祖を名乗り職業としての道をひらいたのは大辻司郎〟」（＊1）といわれているように、当時、漫談は新しく始まった演芸で徳川夢声、大辻司郎、西村小楽天などが活躍していた。戦争が激化してくると、漫才同様、戦争を肯定し、戦争協力を促す話をするようになった。

陸軍情報部（のち情報局）が月一回指導

新作があたりまえの漫才では、専門の作家が必要であった。

吉本興業には文芸部があり、一九三四年に入社した秋田實を中心に長沖一、穐村正治《あきむらまさはる》、吉田留三郎など、東大や京大出の「インテリ集団」がおり、次々に新作漫才を生み出し、その中で国策漫才を多産した。秋田、穐村、吉田はのちに新興キネマに移っている。

横山エンタツと花菱アチャコ

新興演芸部（新興キネマの演芸部。吉本興業から芸人を引き抜く事件を起こしている）にも多数の漫才作家がおり、政府・軍部の指導で国策漫才を次々に生み出している。

政府・軍部は、「貯蓄奨励」、「産めよ育てよ（殖やせよ）」など国策が決まり、戦時スローガンができると、陸軍省情報部（のち情報局）がそれにもとづく国策漫才をつくるように吉本興業、新興演芸部などを厳しく指導した。

吉本興行の林弘高（当時は東京支社長。のち社長）は、

「陸軍省情報局《ママ》の方達が月一回指導して下さることになったので、当局の意図するものも、その方針も朧ろ気ながら分つたから、この方針を押しすゝめて、積極的に私達の演劇の改善と向上を目ざせる譯である。

先づ、漫才だが、これも今迄のやうに単に笑はせるだけでなく、その内容を調べて、毒にも薬にもならない笑ひでなく、薬になる——何等か有益な示唆を興へることにしなくてはと思ひ、演技者、経営者、作者三つが一つになつて、台本の創作にあたることにした」（＊2）

と述べている。

国策スローガンが出る度に台本を書く

秋田實の娘の藤田富美恵（童話作家）は、『秋田實——笑いの変遷』の中で、秋田實と一緒に吉本興業で漫才を書いていた吉田留三郎の言葉として「政府は一興業会社なんて、伝言板の代わりぐらいに思っていたらしい。『歩け歩け』から始まって『産めよ増《ママ》やせよ』『金の供出』『水道の水を節約せよ』などに至るまで、スローガンが出る度に、それとばかりに待機している文芸部が宣伝漫才を書く」という実態を紹介している。（＊3）

秋田實など漫才作家は、厳しい検閲制度と政府・軍部の国策遂行の指導のもとで、戦争遂行に協力する国策漫才を量産したが、少しでも笑いをと思い、「戦時下の漫才作家として、言いたいことも言えない窮屈な暮らしに対する重苦しい気分が、少しでも楽になるようにとの思いを込めて、書き続けていたようだ」（＊4）が、皮肉なことに、書けば書くほど漫才界は戦争遂行に加担していったのである。

漫才は、コンビ二人のあほらしい、間抜けぶりを聴衆が聞いて日ごろの苦労を忘れて笑えるところに魅力がある。その漫才が「お国」にかわって聴衆に説教するのだから、本質的な漫才の笑いとは違ってしまったのである。

上方では戦争協力に積極的だった吉本興業、新興キネマなどが漫才界を支配していたが、東京は少し違った。一九四〇年九月二十一日に漫才界あげて戦争協力する機構として、漫才師を総結集した帝都漫才協会が結成された。翌二十二日の「都新聞」は、「漫才協会結成――クスグリも国策協力」との記事を掲載した。漫才協会は、新体制のもとでの漫才と漫才師のあり方について、「常に国策順応の心構えを忘れないと共に下品なクスグリや卑猥な芸を避け、舞台外にあっても世の指導を受けないような生活をして行かなければならない」との決意を固めあったことを紹介している。

戦争の激化にともない、一九四三年に大日本漫才教会がつくられ、帝都漫才教会はその東京支部に改称、関西支部もつくられて、漫才界挙げた戦争協力体制を整えたのだった。

（二）銃後から敵前まで

国策漫才にはどんなものがあったか。

前述した藤田富美恵は、戦後も含め約七千本の漫才台本を書いたといわれている秋田實の作品を編集し、二〇〇八年に『昭和の漫才台本』（全五巻、文研出版）を出版している（解説：藤田）。その第三巻（戦中編その一）、第四巻（戦中編その二）に国策漫才が収録されている。

秋田實『昭和の漫才台本』第三巻の特徴

第三巻は、日中戦争直後の一九三八、三九年の作品である。十五本のうちあきらかに国策漫才といえる九本の演目名と演者、内容の特徴は次の通りである。

◆「新婚貯金戦」《演者は玉松一郎、ミス・ワカナ》（以下《　》は演者）

政府・軍部は、戦費調達のために貯金を奨励したが、その国策にそって夫婦でどう貯金するのかを話題にしている。

【非常時経済学】《林田五郎、柳家雪江》

戦争遂行に協力するため、どう節約していくかを題材にしている。

◆「銃後の便り」《玉松一郎、ミス・ワカナ》

銃後の日本国内の暮らしについて、どう無駄をはぶくのかを描いている。「慰問」「防諜」「綿類の統制」などが話題になっている。

◆「春はスフ着て」《玉松一郎、ミス・ワカナ》

戦争が激しくなって物不足となり、一九三八年に「綿類の統制」で、綿製品の製造や販売が制限され、木からつくられた「スフ」入りの衣服が奨励されたが、それをネタにしている。

『昭和の漫才台本』第３、４巻

◆「増税実施」《対話形式Ａ・Ｂ》

税金をたくさん納めて、戦争をしている国家の「お役に」たとうという納税奉公を題材にしたもの。

◆「非常時の夏」《対話形式Ａ・Ｂ》

非常時の夏、「積極的に国策線にそって」がんばろうをテーマにした漫才。

◆「苦楽をともに」《対話形式Ａ・Ｂ》

非常時だから、「国民協力一致、自分だけ勝手な不平を言わないで」「苦しみも楽しみも、みんなと一緒に歩調を

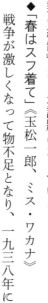

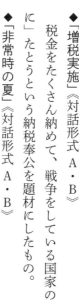

そろえねば」と展開していく話。

◆「防諜第一」《花菱アチャコ、千歳家今男》

政府・軍部は、戦争遂行のために、防諜（スパイの活動を防ぎ、機密・情報などが敵に漏れないようにすること。国民同士が戦争への懐疑を持ったり、政府への不満を話し合うことを防ぐ狙いもあった）を奨励したが、それを題材にしている。

◆「スパイ問答」《林田十郎、芦の家雁玉》

これも「防諜」を題材にしている。

国策色がより濃くなった第四巻

『昭和漫才の台本』第四巻は、一九四〇年から四三年の漫才台本である。十三本収録している。この時期はアジア太平洋戦争が始まり、国策色がより濃くなっており、十一本は国策漫才である。その演目名と特徴は次の通り。

◆「国策第一」《秋山右楽、秋山左楽》

戦争によって食糧不足となり、それを解消すめために、「空地」を利用して野菜などをつくることが国策にとって大切なことと奨励された。それを題材にしている。

◆「滅私奉公」《林田五郎、柳家雪江》

「東亜の新秩序建設に邁進」するためには、「大いに節約して、戦時市民として恥ずかしくない生活をしよう」と節約し、お国のために「滅私奉公」しようということに。

◆「国策料理」《玉松一郎、ミス・ワカナ》

戦争遂行の国策にそって銃後の国民も節約など努力しなくてはならないということから、「非常に経済的で栄養価値のある」国策料理として、鶏肉と玉子でなく、大豆と豆腐の親子丼はどうかという話になる。二〇二一年七月十四日、NHKの「歴史探偵」で現代の漫才コンビ「ミキ」が蘇らせた。

◆「防空戦」《花菱アチャコ、千歳家今男》

防空演習を題材にしたもの。

◆「銃後の春」《秋山右楽、秋山左楽》

当時つくられた「国策ポスター」（銃後の国民に戦争遂行のために貯蓄・債券購入・献金、節米、防諜などを奨励する標語をつくりポスターにした）にもとづく努力を題材にしたもの。

◆「国策百貨店」《玉松一郎、ミス・ワカナ》

一九四〇年に「七・七禁令（贅沢品の製造・販売禁止の令）」が出され、製造・販売だけでなく、「ぜいたくは敵！」など、国民生活を自粛・制限するものとなった。この百貨店では、「七・七禁令」にふれないものぱかりを販売。再生品売場、廃物利用売場なども出て来る。

◆「銃後の便り」《対話形式　A・B》

超非常時なので不自由は我慢。子どもと動物園に行き、「肉なしデー」など動物も苦労しているのを見て、「生活の改善、物資の節約」の大切さがわかる。お猿さんが「見ザル、聞かザル、言わザル」で防諜運動の元祖だという話も出てくる。

◆「一億総進軍」《対話形式　A・B》

戦時下のもとでの「切符制」を美化。「切符制によって、戦時下長期にわたって公平に国民に必要な物資が確保できる」「切符制で、互いに協力して、戦時生活をがんばっていかんといかん」などのやりとりが。

◆「お笑い入門」《対話形式　A・B》

笑い顔が大切。「希望がないと笑えへん」「東亜新秩序の建設は大きな希望」「どんな困難でも、さきには大きな希望が待っている」と笑顔で国民が一致協力して大東亜共栄圏の確立へという漫才。「大政翼賛、職域奉公、臣道実践のまことをつくしたら、どれでもお好みの笑いが口もとにうかんでくる」というセリフも。とても笑えない漫才。

◆「大阪の今日このごろ」《対話形式　A・B》

「通天閣」「決戦風景」「昭和の子供」の三部作。全体として戦争遂行に協力する大阪の姿を描いている。「通天閣」は、金属類回収令で「通天閣」を献納する話。「決戦風景」では、銃後の決意と覚悟を語り、「昭和の子供」では、子供に「こんなに何不自由なく暮らせるのはいったいだれのおかげだ」と聞くと、「ヘイタイサンノオカゲデス」言うもの。

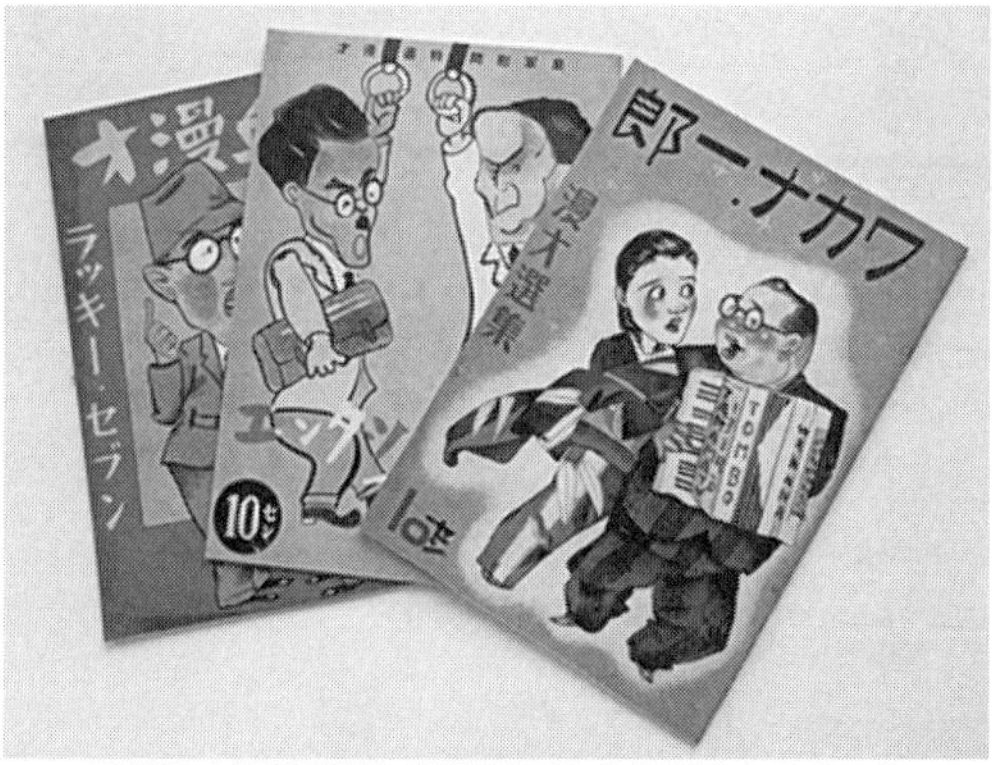

10銭漫才選集（戦後、新風書房から復刊されたもの）

十銭の漫才選集

当時、大阪パック社から、慰問袋（戦地の将兵の慰問のために御菓子、煙草、雑誌などを袋に入れて送った）に入れる四六判約四十頁前後の小冊子の絵入りの漫才選集（一冊十銭）が発売されている。表紙にはエンタツ・アチャコやワカナ・一郎の漫画風の似顔絵が書かれ、三〜五作程度の漫才が入っている。十銭という手ごろな値段もあり、かなり売れたそうだ。

秋田實が書いたもので、五十冊以上、二百以上の新作漫才が含まれていたというが（『わが心の自叙伝』による）、現存しているのは娘の藤田富美恵の手元にある二十四冊で、その一覧は、新風書房が復刻版として出版した『戦争と漫才』の解説にある。それ基づいて分類すると、『昭和の漫才台本』に入っているもの以外で、あきらかに国策漫才といえるものは次の作品である。

「代用品」（林田五郎、柳家雪江）、「食糧問題」（花菱アチャコ、千歳家今男。国策漫才と銘打っている）、「金鉱発見」（花菱アチャコ、千歳家今男）、「節約第一」（花菱アチャコ、千歳家今男）、「非常時禅問答」（横山エンタツ、杉浦エノスケ）、「非常時解決策」（三遊亭柳枝、文の家久月）、「南支の思ひ出」（御園ラッキー、香島セブン）、「支那土産」（芦の家雁玉、林田十郎）、「空襲」（日乃出男蝶、浮世亭公園）、「兵隊さん有難う」（花菱アチャコ、千歳家今男）、「へそ切り貯金」（河内家鶴江、河内家房春）、「今年は辰年」（ミス・ワカナ、玉松一郎）、「滅私奉公」（林田五郎、柳家雪江）、「金釘流」（横山エンタツ、杉浦エノスケ）、「荒鷲談義」（秋山右楽、秋山左楽）。

人気となった漫才「太平洋野球戦」

敵性語禁止で芸名を変えることになった漫才師の中にミス・ワカナ、リーガル千太・万吉とともに香島ラッキー・御園セブンがいる。二人は、香島楽貴《らっき》・矢代世文《セブン》と名乗り、吉本興業から新興演芸部に移り、「太平洋野球戦」、「太平洋の暁」「太平洋相撲戦」などの国策漫才で人気を得た。

「太平洋野球戦」（田中良一作）は、「太平洋戦争初期の日米海戦を野球に見立て、ラジオの実況放送風にスピーディーに運んでいく。なにせ日本軍がグングン押しているときであるし、おなじみの軍艦や、占領中の南の島々が次から次へと出てくるので、きくものは感激し熱狂した」(＊5)のである。

大阪海軍省情報部は大喜びし、「推薦」を許可した。興行師たちはさっそく、「楽貴・世文の出演する劇場の前に、『漫才界初の栄与・大阪海軍情報部御推薦』の立看板を、二人のためにデカデカとかかげた」(＊6)。

太平洋戦争初期は戦況はまだ良く、政府・軍部も国民も勢いのある国策漫才を歓迎したが、やがて戦局は飯店、泥沼へ引きずり込まれていく。

国策漫才を演じ、みずからも兵士として戦地に行き、命を失った漫才師がいる。三遊亭川柳である。一輪亭花蝶とコンビを組み、「川柳・花蝶」で売り出し吉本興業の大看板となった。一九三八年五月に召集され南支戦線に赴いた。しかし、召集に手違いがあり、補充兵召集なのに砲兵隊に回されてしまった。当然使い物にならず、他に回されてもあまり役に立たなかったようだ。

一九四〇年六月に兵役満期で帰国し、再び舞台にたち、活躍していたが、一九四二年一月に再度召集された。舞台の上から「戦地に行ってきます」と勇ましく出発したが、二度と舞台に立つことはなかった。戦死したのである。

三遊亭川柳・一輪亭花蝶の国策漫才の音源、SPレコードが残っている。その「川柳の敵前上陸」「防空演習」「非常時日本」などを聴くと、いささか切なくなる

国策漫才は多数あり、『昭和の漫才台本』や大阪パック社の『漫才選集』だけでなく、実際の寄席や演芸会で演じられ、ラジオで流され、レコードにもなり、雑誌などにも掲載された。

(三) 天才的芸達者ミス・ワカナ

次々に国策漫才のレコードを吹き込む

戦前の漫才師の中でもひときわ目立っているのが玉松一郎とコンビを組み一世を風靡したミス・ワカナである。ミス・ワカナはイブニングドレスか和装、玉松一郎は背広姿でアコーディオン。女性が主導権を握る女性上位型の漫才を確立した。

ワカナは天才的な芸達者であった。

一郎にズケズケと文句を言ったかと思うと、「お叱り下さい」と急にしおらしくなる、「ざあます言葉」をしゃべってたと思うと、「このガキ」などの荒っぽい言葉遣いとなるなど、その変わり身、間の取り方が実に見事である。

方言を縦横無尽に使いわけ、歌唱力も優れている。浪曲、都々逸、詩吟、八木節、歌謡曲

なども自在に飛び出してくる。漫才史の中で不動の位置を占めており、そのレコードは売れに売れた。

しかし、残念だったことは、その活躍の中心的時期が戦時下であったことだった。面白いし、その芸はいま聴いても魅力的である。それ故に、大衆の中に国策を広め、戦争遂行に国民を導く上でも大きな役割を果たしてしまった。

『レコード・コレクターズ』一九九一年十二月号に、中村とうようが岡田則夫の協力を得て、ミス・ワカサと玉松一郎のSPレコードの演目名を紹介している。ビクターから十三、テイチクから二十四、合計三十七演目である。演目名は次の通り。

【ビクター】

「ホトトギス」、「兄は工兵」、「主人がやかましい」、「ワカナの支那土産」、「わらわし隊（中支皇軍慰問記念）」、「ワカナの白井権八」、「支那便利帳」、

ミス・ワカナと玉松一郎のレコード「笑ふ門には服着たる」

「部隊長とワカナ（飯塚部隊長）」、「漢口みやげ」、「昌子ちゃんと兵隊」、「笑ふ門には服着たる」、「ワカナ放浪記」、「若しも私が出征したら」

【テイチク】

「金毘羅船」、「お伊勢詣り」、「砂糖情話」、「女一匹」、「全国婦人大会」、「愛豚行進曲」、「ワカナの女辯護士」、「ワカナぶし」、「ワカナの泥棒退治」、「ワカナの女先生」、「黄金道中」、「陽気な幽霊」、「ワカナの女浪曲師」、「ワカナの病院長」、「ワカナの自叙伝（其二）」、「トンカラリ運動会」、「ワカナの国策百貨店」、「ワカナの土俵入り」、「釜炊き船長」、「女学生日記」、「ワカナのお国自慢」、「大東亜遊覧飛行」、「人間ビル」、「ジャングルを征く」

これらをあらためて聴いてみると、多くは国策漫才である。演目名だけではそうとは思えないものも、巧みに国策の内容を盛り込んでいる。

例えば、ビクターの「笑ふ門には服着たる」は、着ている服の話だが、古着だとか、八月に冬服とか政府が奨励している節約を意識している。話に国策色が薄いと思ったのか、冒頭に一郎の愛馬進軍歌とワカナの都々逸「主は銃とり　あたしは鍬を　勝利めざして励みましょう」を入れている。

真骨頂を発揮した漫才「全国婦人大会」

なかでもテイチクの「全国婦人大会」はワカナの真骨頂を発揮した国策漫才である。銃後全国婦人大会がテーマで、全国各地から集まった婦人たちが、戦時下で戦争遂行のために努力している銃後の思いを演説調で語っている。

ワカナは、それをそれぞれの方言を駆使して語る。島根、朝鮮(日本人として登場させている)、名古屋・尾張、京都、広島、博多、北海道、東京・浅草と実に見事にこなす。それらしく聞かせるというのでなく、立派な方言そのものである。

それだけに、戦争遂行を語りかけてくることが哀れである。芸達者ゆえに「お役に」たたされてしまったのである。

「全国婦人大会」、「わらわし隊」「ワカナの支那みやげ」「漢口みやげ」……。政府・軍部はその天才的芸に拍手を送った。芸に心底、感嘆したのではない。邪悪な拍手であった。

戦時中はヒロポンは禁止されていなかった。その打ちすぎか、過労か、体調を壊し、敗戦直後の一九四六年、阪急西宮北口駅のホームで心臓発作を起こし、三十六歳の若さで急逝した。戦後、戦争に協力する必要はなくなり、その活躍が期待されていただけに、長寿を全うしたらと思うと残念でならない。

心から笑ったり泣いたり出来る落語、庶民の心を揺さぶる芸の浪曲、義理人情・物語の面白さで惹き付ける講談、苦しい事も忘れさせてくれ笑いの中で明日への希望をもたらしてくれる漫才。それぞれが庶民の心をとらえる優れた芸ゆえに、皮肉にも、政府・軍部に利用されてしまったといえる。

しかしそこには、「国民の戦争協力は当たり前」という風潮のもとでの演芸界側の協力の姿も、当然とも残念にもあったのである。

【注】

＊1 小島貞二『昭和演芸秘史』(講談社、一九八一年)、二一三頁
＊2 『オール演芸』一九四〇年九月号、六頁 (名前が林宏高となっている)
＊3 藤田富美恵『秋田實―笑いの変遷』(中央公論新社二〇一七年)、一一〇～一一一頁
＊4 同、一二四頁
＊5 小島貞二『漫才世相史』(毎日新聞社一九七八年)、一六四頁
＊6 同、一六五頁

第六章　「健全・明朗」な演芸

政府・軍部は、忠君愛国の精神にたった講談・浪曲を推奨し、愛国浪曲、国策落語、国策漫才など国策に順応した演芸への指導を強める一方、国民生活が暗くなり逆に厭戦気分が起きたり、戦争そのものに懐疑が生まれることを恐れ、慰安・娯楽の側面からの演芸も奨励している。その際、必ず使われるフレーズが「健全・明朗」であるが、これがくせ者であった。

(一)「健全娯楽・一億国民明朗化」

基準は政府・軍部の判断

政府・軍部が奨励する「健全・明朗」な演芸とはいかなるものであろうか。

金語楼、金馬、正蔵の国策落語が収録されている落語集『名作落語三人選』の表紙には「健全娯楽・一億国民明朗化」の言葉が付いている。

一九四二年二月十八日に決定された「戦時下の国内放送の基本方針」では、「宣戦の大詔に基き皇国の理想を宣揚し国是を闡明す」など戦争遂行の国策を重視することと合わせて、「健全にして雄大なる文化及娯楽の創造普及を為す」「明朗、剛健なる国民気風を作興す」ことを強調し、その実施項目の中で、「慰安、娯楽放送を健全、雄大且一般ならしむること」としている。

当時、日本放送協会の業務局演芸部長兼音楽部長の小林徳二郎は、「まず、第一に求められるものは、国家の要請に必要な国民娯楽、健全娯楽と称すべきものであろう。この国民娯楽とは第一に健全明朗でなければならぬ。そして志気昂揚に役立つものでなければならぬ。そして最少限度でも、『明日の活動の資となるもの』でなければならぬ」（＊1）と述べている。

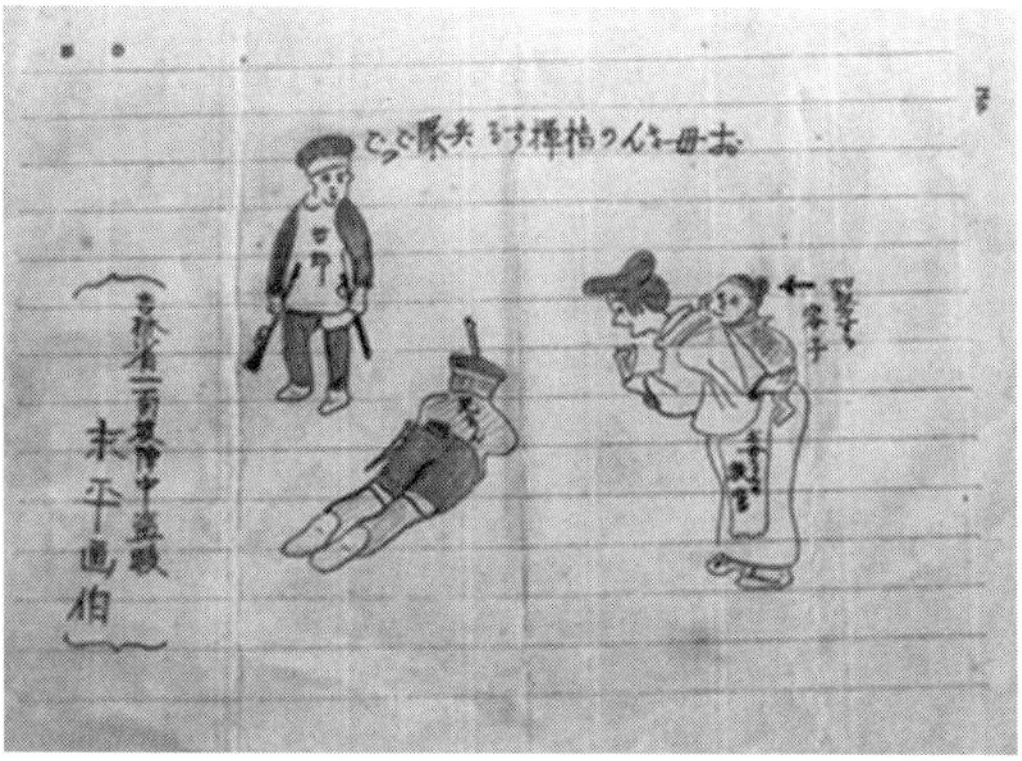

軍隊内で家族を思って便せんに書いた漫画

「健全・明朗」という基準はどこから来るのか。

それは、政府・軍部の判断ということになる。戦争遂行にプラスになるものが基本であり、慰安・娯楽といってもけっして自由ではなく、国家が不健全としたものは排除される。慰安を奨励しつつ、その〝笑い〟は国家が許容する範囲のものなのである。

健全なる娯楽を与えるのは国民訓練

当時の新聞にも次のように書かれている。

◇「戦時下ともすれば逸脱してその本領を忘れ、不健全不道徳な表現に噴出し易く、為に国民生活に潤濁を来す如き娯楽を矯正し、国民の娯楽生活を清浄ならしむることも亦、大いに考慮されなければならない」（＊2）

◇「健全なる娯楽を与へることは国民訓練の一つ」（＊3）

◇「国家又は公的団体公益的見地に立つてこれ（「娯楽のこと」―引用者）を取扱ひ、国民総体の福祉の為に進展せしめねばならぬ」（＊4）

具体的にはどういうことなのか。

竹山昭子『史料が語る太平洋戦争下の放送』（世界思想社、二〇〇五年）の巻末の「資料編」

に、一九四二年十月の東京都市逓信局放送課の『「放送監督指示簿」及び「措置検討会」を中心にして（二）』が収載されている。

演芸放送についての検閲基準について、作品にも触れて詳細な内容が記されており、政府・軍部の基本的考え方がよくわかる。「放送の全機能を挙げて大東亜戦争完遂に邁進することが、戦時下国内放送に課せられたる唯一唯二の目的である以上、演芸放送も亦この見地から眺められなければならない」と、戦争遂行に放送の全機能を使うこと、演芸放送もこの見地を貫くことという基本を確認している。

（二）「健全・明朗ならざるもの」

演芸放送で不可なるもの

その上で、演芸放送の内容は、「素材、作品、演出の広大なる分野を通じ、予見せらるべき問題の悉くを事前に指示し、此処に明確な一線を画し、この内に止るはよし、出づるは悪しとすることは事実上全く不可能事と見なければならぬ」としつつも、「不可なるもの」を次のようにあげている。

「（一）国体及び国是に疑義を生ぜしむるもの

（イ）皇室に対し奉り不敬に亘るもの
（ロ）国体明徴に妨げあるもの
（ハ）国是、国策を批議するもの
（二）健全、明朗ならざるもの
（イ）人倫に悖るもの
（ロ）頽廃的なるもの」

「不敬に亘《わた》るもの」

そして、その事例として「（一）の（イ）〈皇室に対し奉り不敬に亘るもの〉」では、二宮尊徳の「報徳訓」、吉川英治の「忠臣蔵」の中に不敬の言葉があるとしている。

「報徳訓」では、国が饑饉に襲われた時に「君は民に謝して死すべし」とあるが、この「君」とは大名であるが、現代においてそのまま放送されると、別の意味が生じてくる、と指摘している。

吉川英治の「忠臣蔵は」、皇国の臣としての赤穂浪士の姿を描いていると評価しつつ、赤穂の早打ちが通る場面で、「百姓あっての領主様だ、天子様だ」という言葉があるが、この条《くだり》だけ聴くと、「百姓あって」と、「下々から規定」しており、それが不敬になると指摘している。

絶対主義的天皇制のもとでは、何といっても天皇、皇室、伊勢神宮、皇陵などの名誉や尊厳を害する「不敬」にふれるものは演芸としてもあってはならないことであった。

「（一）の（ロ）〈国体明徴に妨げあるもの〉」では、「南北朝」と言わず「吉野朝」と称していること、を事例としてあげている。

「（一）の（ハ）〈国是、国策を批議するもの〉では、厳粛なるべき国策までを笑いの対象にした欠点、「喜劇人物に国策を語らせた失敗」、吉田松陰を扱ったものに不適切なものがあった、などについて指摘している。

「（二）の「健全、明朗ならざるもの」について、このような説明がある。

「これこそ凡そ定義することの難しいものである。が少なくともこれは、天地自然の理に叛かず、人情に於てもいさゝかの陰鬱の跡をも止めぬものであるとは言ひ切れる」とし、以下に具体例をあげている。

「人倫に悖《もと》るもの」

一つは、一九四二年に放送された谷崎潤一郎の「盲目物語」である（＊5）。

「盲目物語」は、織田信長の妹「お市」に仕えた盲目のあんま師・弥市がお市の悲劇的な後半生を物語る小説。弥市は深い憐憫の情を寄せるが、そこには恋慕の思いがあった。この小説の弥市の恋慕の思いと官能的な部分がまずもって「健全、明朗ならざるもの」であったが、それはすでに放送前の検閲で削除されていたので、それに加えて、次の指摘がある。

「この作の主題を為す盲人の感触による官能描写は削除済で提出されたので暫く措くしも、この作の背景をなす戦国の有為転変には骨肉相食む人倫の乱れが随所に取り扱われている」

「戦国時代の下刻上乃至非倫の物語は、謂はゞ史上の事実とは謂え、反面人間最大の悪徳史たるは免れ得ない。盲目物語に表れたところだけでも、義弟を殺す信長、自の刃に衂《ちぬ》つた者の妹を後に妻とする秀吉等の物語が、現代国民道徳の上に決してよい影響を与へるものとは謂えない。畢竟国民の一心一体といひ、鉄石の団結といふも、健全なる道義、人倫の上に打立てられてこそ、始めて意義があり、光輝の発するものなのである」

国民が一致団結して戦争遂行している時、戦国時代の物語とはいえ、団結に水をさす物語は不道徳極まりないものという訳である。

浪花節「人情江戸草紙」

次に、浪花節（浪曲）「人情江戸草紙」を挙げている。

これは、罪を犯し遠島になった男が改心して江戸に戻って来る。するとこの男の弟は、兄が本当に改心したのかどうかを試そうとして、自分も泥棒になったと言って、兄の目の前で人の家（実は弟自身の家）に忍び入る。結果は不首尾。兄は弟の代わりにお縄になる。弟は兄の改心が固いことを知り、全部が偽りであることを打ちあけ、互いに手を取り合って喜ぶ。

この話について、

「この作品は決して兄弟愛を鼓吹してゐないのである。寧ろ逆である。兄を思ってゐるといふ前提の下に書かれてゐる弟は、兄を試しに試した結果、兄の改心を知り喜ぶといふのである。肉親を試すことさへある意味に於ては、肉親愛の冒瀆である。而もたとえ佯《いつわ》りにもせよ、縄まで掛けてみなければ、改心の情がわからぬとあっては人倫上由々しき問題である。これでは、兄の弟を思うふ純情や身代りにならうとする心根が全く踏み躙《にじ》られてしまふのである」

と指摘している。

作品の評価は別にしても、国家からここまで細かく作品が不適切と指摘されたのには、作者も浪曲師も驚いたのではないか。その後この浪曲は放送されていない。

さらに問題にしたのは、「やくざ仲間の義理」についてである。

「これは義理とは云ひ条極めて狭隘《きょうあい》なもので、及ぼす範囲は親分子分の盃の通つた範囲内のことであり、些も大義から発してはゐない。国法を破る博徒とか或は遊侠の徒などが、己の勢力範囲を獲得するため持ち得た配下を束ねるための義であり、理である。従つてこの義理の発揚の仕方たるや、縄張争ひの抗争以外には出ない。一食一飯の仁義と謂ひ、献身の義理立てといい、所詮はこの点に帰結される」

と指摘してる。

この中で、「併しその仲間内の団結の強さ、或はその恩義の厚さなどに就いては確かに驚嘆に値するものがある」と団結、恩義の厚さを評価していることは、戦争遂行のために国民の一致団結と国家への恩義を重視する身勝手といえる。戦争という国の「縄張争い」のために命を捨てろという義理こそ、問題ではないか、といいたくなる

「頽廃的なるもの」

（二）の（ロ）「頽廃的なるもの」については次のように述べている。

「頽廃は健全の反語であって、今更喋々《ちょうちょう》を要せぬところである。長唄、清元、常磐津等の廓物、大正末期昭和初頭の歌謡曲のあるものなどはいづれもこの例に漏れない。前者も後者も、共に行詰まる文化の腐臭を帯びた享楽街より発生したことを思へば、共に厳粛なる現在の放送には敵さないと断言し得る」と一刀両断。

廓物等、頽廃的なものに厳しい姿勢を示している。国家の道徳観からはずれ、政府・軍部が頽廃的と断定したものは検閲で厳しい態度で臨む姿勢を明らかにしている。こうした考え

方が落語の禁演落語五十三種につながっている。

そして可か不可かの中間的なものが多いこと、そうしたものにさえ、検閲において注意を喚起している。

その例として、子どもの「お婆ちゃんに梅干を上げては駄目よ。お顔がくちやくちやになるんだもの」という言葉の裏には、「梅干し婆あ」に通じるものが潜んでいおり、このままでは放送できないこと、「僕は叔父さんがすっかり気に入つた。だから死水をとらせて貫いますよ」という言葉は、「死水」があるので不快なもの不吉なものと指摘している。

さらに、琉球の羽衣伝説「銘刈子《めかるし》」を取り上げ、子を捨てて天昇することについて「我国の道徳観からすれば、凡そ言語に絶する行為である」が、「人間でないといふ点からもう一度眺め直さるべきである。そうすれば、子と別れる場合人間的悲哀の情なども天女らしくあつさり扱い、また全体に亘つて、凡そ現実世界との繋がりのあるものを極力除去し、この劇全体に夢幻的な色彩を与えることによつてある程度救ひ得るといふ観点に到達し得るのである」としている。

少し分かりにくいが、現実の人間の行為として子を捨てるなどは許されない行為だが、現実世界でない天女のことなら不可とはしないとしている。勝手な解釈である

ラジオで放送された落語は一般的な滑稽噺

一九四〇年から四五年にラジオ放送された落語を調べてみると、国策落語以外の演目は、禁演の五十三種はもちろん頽廃につながるものは何一つなく、「たぬき」「垂乳根《たらちね》」「無筆」「二十四孝」「錦名竹《きんめいちく》」「強情灸」「三方一両損」「道具屋」「高砂や」「雑俳」「鮑のし」「かつぎや」「馬の田楽」「一目上り」「小言念仏」「猫の皿」「粗忽長屋」「孝行糖」「道灌」など、ごく一般的な滑稽噺である。

人情噺では、夫婦愛とまじめに働くことの尊さをとらえた「芝浜」、歌舞伎役者の芸談の「中村仲蔵」など、国家にとって困らないいくつかで、ほとんどないと言っていい。

国家にとっては、国家のために「まじめ」に働き、貯蓄に励み、戦争を支持・協力する国民が「健全」であり、その領域を荒らし、厭戦気分につながる〝笑い〟は「健全・明朗」とはならないのである。

政府自身が健全・明朗なるものを「これこそ凡そ定義することの難しいものである」と言っているように、取り締まる側のいわばさじ加減であった。そのため、演芸界では検閲に於て、何が可で何が不可か、どう判断されるのかがつかめず、とりあえず頽廃にかかわる内容の自粛を強めることにしたが、常に軍部・当局の意向を気にしながら作品をつくり演じることになったのだった。軍部・当局は、あるいはそれが狙いだったかもしれない。

【注】

＊1　小林徳二郎「健全娯楽と放送」（『特集・決戦と放送』一九四三年六月号）

＊2　「銃後の娯楽政策」（「都新聞」一九四〇年十一月八日）

＊3　「讀賣新聞」一九四〇九月二十日

＊4　「讀賣新聞」一九四〇年十一月三日

＊5　この時期、谷崎潤一郎は、軍部から『細雪』の連載を中止させられている。

第七章　思想戦の強化

（一）圧倒的国民が戦争を支持していた

『壮丁思想調査概況』に見る国民意識

演芸界がこぞって戦争遂行に協力してしまった背景には、当時の国民の意識状況の反映があった。戦争反対は非国民・国賊であり、圧倒的国民が戦争を支持し、「戦争協力は当たり前」の空気が蔓延していた。

文部省社会教育局が発行した一九四〇年度の『壮丁思想調査概況』がある。マル秘文書で発行部数も限定されたものであり、私の手元にあるものには、㊙のマークがついた「七七六」の番号が記されている。

『壮丁思想調査概況』

壮丁とは、「労役・軍役にあたる成年の男子」のことである。調査した人数は四十七道府県（この時は東京は府）で二万八千七百十一人で、かなりの規模である。

当時の国民の思想状況がよくわかる。

全部で設問は十あるが、設問の（五）は「支那事変に対する見解」についてである。「諸君は支那事変についてどう考へてゐますか」との問いに次の五つのうちのどれを選ぶかを求めている。

「一、事変に対する国民の覚悟がまだ十分でない様に思はれます。
二、何時になつたら事変が終わるかわからないので不安に思つてゐます。
三、こんな大事変は相当長びくものと覚悟しなければならないと思ひます。
四、何のために戦争してゐるのか自分にははっきり判りません。
五、我等はどんなに苦しくても、戦争の目的を達するまで頑張らねばならないと思ひます。」

「五」を選んだのは七八・三％、「支那事変」を肯定する「一」（九・一％）と「三」（八・八％）を足すと九六・二％にもなる。当時は「支那事変」と呼んでいたが、中国への全面侵略戦争である。圧倒的多数の「労役・軍役にあたる成年の男子」は戦争を肯定・支持している。「四」を選択したのは〇・四％、「二」を選択したのは〇・六％、合計してもわずか一％にすぎない。

他の設問でも、「二」の「興亜奉公日」（国民精神総動員運動の一環として、国力増強・戦意高揚を意図し、毎月一日を禁酒禁煙・一汁一菜・飲食店休業など耐乏生活をおこなう日と定めた）についての感想は、「銃後の青年として本当に意義のあることだと思ひます」が六三・四％、「もつと真剣にやらなければならないと思ひます」が三〇・二％となっており、戦争遂行のための「興亜奉公日」の有意義なことを認めているのが九三・六％となっている。

設問の「三」の「非常時生活に対する態度」では、「近頃国民の日常生活が不自由になつて来てゐますが、之に就いて諸君はどう思ひますか」との設問について、「国民一般がもつと物を節約せねばならないと思ひます」が五〇・二％、「この位ひのことで参つてはいけないと思ひます」が二〇・八％、「うんと働いて良い品物を澤山作らなければならないと思ひます」が一四・三％で、戦争遂行のために耐え忍び、生産向上をはかろうとしている者が八五・三％になっている。

圧倒的国民は戦争を支持していたのである。

被害者の顔と加害者の顔を持ってしまった演芸界

戦争に反対し、戦争に抵抗したり、そこから逃避した人々、最後まで命をかけてたたかった人々もいる。しかし、戦時下、圧倒的多くの国民が戦争を支持し、戦争に協力してしまった。文化、演芸分野もほとんどが戦争遂行の提灯持ちになった。

いまから考えると、まったく異常といわなければならないが、なぜそうなってしまったのか。浪曲師、講釈師、噺家（落語家）、漫才師が戦争協力の演芸をつくり演じたのかはなぜなのか。

考察すべき大きな問題としては、絶対主義的天皇制という国民主権否定の専制支配、天皇を神と尊び、絶対者とするイデオロギー支配がある。戦争反対を言う人たちへの命も奪う弾圧もあった。特高警察の存在も大きい。「アカと思われたくない」「非国民になりたくない」といった感情も生まれる。

また、「日本（国家）のために兵隊さんががんばっている。応援しよう」「この戦争は日本（国家）を守るためのものだ」などの声もあった。そこには「日本」という「まとまり」、日清戦争・日露戦争など明治以来、植え付けられてきた個人の命や尊厳より国家を大切にする意識があった。

同調圧力という言葉があるが、「何かおかしい」と思っても、「みんなが戦争に協力しているなら」と、その流れのに身をまかせてしまう多数の国民の傾向があった。

政府・軍部の弾圧と思想支配の中で、国民が戦争に総動員され、その空気の中で演芸界は戦争協力の道を辿り、禁演落語など厭戦気分を増長させる演目を「自粛」する一方、政府・軍部の指導のもとで愛国浪曲、忠君愛国の講談、国策落語、国策漫才など戦争遂行に国民を動員する役割を担う演目をつくり演じたのである。

政府・軍部によってつくられたとはいえ、集団的意識の中で多くの国民が戦争を支持してしまったことを、戦前の苦い教訓にしなければならない。演芸界も戦争を支持する国民の意識状況を増長させる役割の一端を担い、演芸界が被害者の側面とともに国民をさらに戦争に協力させる加害者の顔をもつに至ったことを忘れてはならない。

戦時下の演芸から見えてくるものは、普通の善意の人々が戦争に加担してしまうという戦争の恐ろしさ、醜さである。

この章では、その背景にある政府・軍部の国民への思想戦の様子を見ていきたい。当時の政府・軍部がいかに国民の意識に侵略戦争を「正義の戦争」として植え付けたのか。文化、演芸が、その中でどう位置付けられていたのかである。

（二）思想戦講習会の開催

国民を戦争に導く思想戦

満州事変、日中戦争、アジア太平洋戦争と日本が侵略戦争を推し進めていた時代、当時の支配勢力であった絶対主義的天皇制とそのもとで政府・軍部は、『蟹工船』で有名な作家・小林多喜二の虐殺に見られるように、戦争に反対する日本共産党や知識人、宗教者などを徹底的に弾圧した。

その一方、「国民精神総動員」と称し、挙国一致、尽忠報国、堅忍持久のスローガンを掲げて、国民を戦争に総動員するためのプロパガンダ（戦争に導く政治宣伝。情報操作）を強化した。政府・軍部は、戦争は総力戦であるとし、武力とともに国民の意識を戦争賛美に導く思想戦を重視した。

その一つとして、政府・軍部は百名から百五十名の中堅の文官・武官を首相官邸に集め、内閣情報部（後の情報局）主催で思想戦講習会を開催した。思想戦に対する理解と認識を深め、思想戦要員を養成し、思想戦整備の確立を図ることが目的だった。

思想戦講習会の第一回は一九三七年の日中戦争開始の翌年の一九三八年二月に開催。第二回は一九三九年二月、第三回は一九四〇年二月に開催されている。

講習会では横溝光暉内閣情報部長や清水盛明《もりあきら》陸軍情報部情報官（のち陸軍情報部長）などが「思想戦の理論と実践」「戦争と宣伝」などを講演、意見交換・研究を行っている。

国民意識を支配する

清水は、「戦争と宣伝」と題した講演で、戦争は国家総力戦であり、「分類して見ますると武力戦、経済戦、思想戦、外交戦等」となるとし、「思想戦は戦争指導上重大なる役割を持つことは申すまでもありません」（＊1）と思想戦の重要性を強調している。

また、「敵の思想攻撃に対して国民を防御して我が必勝の信念と最後迄戦わんとする堅忍持久の精神を堅持せしめること」（＊2）と述べ、国民が敵の思想攻撃に負けず、戦争遂行のために、どんなつらさや苦しさにも耐え、我慢強くもちこたえる思想をつくることを強調している。

横溝も、一九三九年二月の「第二回思想戦講習会」で、「自国の国民思想の動揺しないように防衛すると共に寧ろ積極的に攻撃精神、愛国熱を強化する思想戦対策が又必要になって来るのであります」（＊3）と述べている。

当時の政府・軍部が戦争遂行にとって国民の意識を支配することをきわめて重視していた

ことがわかる。

思想戦の方法としては、当時のメディアであったラジオ、新聞、雑誌、レコード、ポスター・ビラ、展示会などを駆使した。寄席もその一角を担った。

戦前のラジオは、「放送は政治機関である」という言葉があるように、発足当初から政府の意向を国民に徹底する宣伝媒体としての役割を担っていた。

戦前の新聞は、政府・軍部に従属、単に従属するだけでなく、率先して国民の戦争熱を煽る役割を担い、多くの雑誌も戦争遂行に加担した。第二章（二）節でもふれたように、とくに講談社が発行した『キング』（のち『富士』に改名）は発行部数が百万をこえ、国民に戦争賛美・協力の意識を植え付ける積極的役割を担った。

演芸も思想戦の一翼に

政府・軍部は、国民の意識を支配するために、幅広い国民に影響がある映画、演劇、文学、美術、音楽なども徹底して利用した。浪曲、講談、落語、漫才など演芸もその一翼を担わされた。

清水盛明は思想戦の方法として宣伝を重視しており、前述した講演の中で、宣伝の媒体として、口伝、座談会、講演会、インタビュー、宗教家の説教、音楽、蓄音機（レコード）、ラジオ、佈告、発表、声明、伝単ビラ、書物、ポスター、漫画、演劇、映画、新聞などと合わせて、「紙芝居であるとか講談であるとか『語りもの』とかいうものが有効になって来る」（＊4）と述べている。これは講談、浪曲、落語、漫才などを指している。

戦争への意識を植え付けた『キング』

そして、プロパガンダの極意について次のように語っている。

「由来宣伝は強制的ではいけないのでありまして、楽しみながら不知不識の裡《うち》に自然に環境の中に浸って啓発教化されて行くということにならなければいけないのであります」（＊5）

「古川緑波《ろっぱ》という面白い芝居の一座がありますが、昨年事変勃発と共に当部では古川氏と相談致しまして時局宣伝を加味して貰うこととなり、二時間ばかりの喜劇の中に五分ばかり支那事変の解説をやったのでありますが、民衆は笑いながら見て居る間に不知不識の中に支那事変の意識を教え込まれることになるのであります。

これが初めから終わりまで支那事変の説明をやられましたら誰も入らぬと思いますが、緑波々々で面白がって見て居る中に五分ばかり支那事変の真意義を聞かされて帰る。これが本当の宣伝のやり方ではないかと考えるのであります」（＊6）

政府・軍部は、文化・演芸を本来的に重視するのでなく、国民の意識を戦争に総動員するために利用しようしたのである。

同じ第一回思想戦講習会で田村謙治郎内閣情報部委員・逓信省電務局長は、「思想戦に於けるラヂオの機能」と題した講演の中で「所謂《いわゆる》娯楽であり、慰安である所の演芸放送も思想戦と決して無関係ではないのであります。否寧ろ国民の日常生活を通して行われる思想戦こそ底力のあるものであり、此の点から見て演芸放送のプログラム編制方針或いは演芸の内容というものが思想戦上に大きな意義を有するのであります」（＊7）と強調している。

田村はさらに、

「『教化演芸』とも銘打つべき内容の演芸放送を実施することに致しました。之は国民大衆が日頃最も好んで聴く浪花節、講演《ママ》（「講談」の誤植と思われる――引用者、琵琶等の所謂大衆演芸の内容に付いて特に日本精神を昂揚せしめるやうなもの、国民精神を作興せしめるやうなものを選んで放送するものであります。従つて国民大衆の要望に応じ乍ら自然と彼等を教化せんとするもので、旨く運用出来れば立派な思想戦上の役割を果たし得るものと期待されるのであります」

と語っている。

政府・軍部の国民教化がよくわかる。これに重要な役割を果たした日本放送協会自身の責任は、ジャーナリズムの観点からもきびしく問われなくてはならない。

(三) 高島屋で思想戦展覧会

思想戦講習会は、思想戦を行う側の態勢強化であったが、軍部は国民を啓蒙するためにパンフレットの発行や思想戦展覧会を開催した。こうした動きも演芸界が戦争協力していった背景となっている。

陸軍省新聞班の名で、『思想戦』『国防の本義と其強化の提唱』『長期戦に対する国民の覚悟』『事変と銃後』などのパンフレットが発行されている。

内閣情報部主催の第一回思想戦展覧会は一九三八年二月九日～二十七日（二十六日までだったが一日延期して開催）、日本橋・高島屋で開催された。当時の新聞広告を見ると「武器なき戦ひ世界に渦巻く 思想戦展覧會」となっている。

一日で平均七万、のべ百三十三万人が入場

展覧会の内容は、「日本精神の象徴」「思想戦の意義」「世界各国思想分布大地図」「世界大戦に於ける宣伝戦の様相」「大戦時及大戦後に於ける露、独、仏の革命扇動の場面」「スペインに於ける人民戦線、国民戦線の宣伝」「日本を綴る思想戦の諸様相（コミンテルンの世界赤化宣伝の諸様相）など」「支那事変を中心とする思想宣伝戦」「今日の列強の宣伝組織」「ニュース宣伝の様相」「文化宣伝様相」「スパイ戦の様相」「国民精神総動員運動」と多岐にわたっている。

写真、図解だけでなく大小のパノラマも駆使し、会場には絶え間なく愛国行進曲が流された。展覧会の呼び物の一つである「スパイ戦の様相」では、「挙国一致でスパイを防止せよ」「防諜は国民の防諜観念の徹底から」との文字が躍り、スパイのなまなましい手口が紹介され、「思想戦は平時にあっても政治、外交、経済、文化其の他色々な国家の活動や国民個人の活動に於ても行われているものであるから、国民一人一人は誰でも多かれ少なかれ思想戦に参加しているものである」と強調、「国民一人一人が思想戦の戦士となり得る」と呼びかけている。

会場ホールでは「支那事変同盟ニュース」「大アジア建設」「抗日映画をあばく」等の映画が上映され、ラジオコメディ「或恐ろしきスパイ」の上演、国策落語や国策漫才などの「演芸の会」なども企画された。

主催者の記録『思想戦展覧会記録図鑑』によると、九日の開催初日は「開場前既に参観者は殺到し、身動きならぬ盛況」であり、「一日平均約七万人の入場者」があったとしている。開催日数は十九日間なので、およそ百三十三万人が入場したことになる。

プロパガンダの恰好の発信基地

第二回目の「思想展」は一九四〇年二月九日に開催されている。当時、百貨店（デパート）の展示会はラジオ、雑誌などとともに重要なメディアの一つとなっており、内閣情報部主催の「思想展」だけでなく、次のような展示会が各百貨店で開催されていた。

「満州帝国展覧会」（日本橋・三越）、「北支事変展」（日本橋・白木屋）、「国策代用品展」（上野・松坂屋）、「紀元二千六百年奉祝展覧会（我等の皇軍）」（日本橋・高島屋）、「隣組展覧会」（上野・松坂屋）、「金属回収と代用品展」（銀座・松屋）、「大東亜戦争展（総論編）」（渋谷・東横店）など。

毎日のように多くの国策展覧会が行われ、百貨店は政府・軍部の戦争遂行のプロパガンダの恰好の発信基地となってい

高島屋での展覧会の新聞広告

た。なかには演芸など娯楽のイベントも開催されており、一九四〇年九月十日には日本橋・高島屋で「使って育てよ代用品映画と国策漫才の会」、一九四一年十一月二十二日には日本橋・三越で「芸能文化展覧会」、一九四三年一月五日には日本橋・高島屋で「愛国百人一首展」が開かれている。

思想展がそうであったように、国民は百貨店で行われている国策展覧会に自ら好んで足を運んでいる。

戦争に反対している勢力は弾圧されており、戦争を応援・賛美する空気は国民の中に浸食している。「家族の一員が出征している戦争はどうなっているか」「日本は勝てるのか」「頑張ってほしい」との思いが百貨店の展示会・イベントに向かわせた。そして、展覧会がその気持ちをさらに高め、国民の戦争遂行を応援・協力する意識を増長させたのである。こうした中で、演芸界も戦争への道を辿ったのである。

あらゆるメディアを使って国民の意識を戦争へと誘導することは、時代は変わっても、戦争をしようとしている勢力の企みの重要な一つとなっている。

満州事変以降、演芸の戦争協力が強まる

一九三一年九月十八日に勃発した満州事変は、関東軍自身が南満州鉄道の路線を爆破した

のに、それを中国兵が起こしたと偽り、中国東北部への侵略戦争を起こした謀略だった。政府・軍部はこれをひた隠し、国民が戦争に賛意をしめし、協力する意識状況をつくることに力を入れた。

新聞は軍部の発表どおり中国側が爆破したとのニセ情報を流し、日本の活躍を連日報道、国民の戦争熱を煽った。

ラジオもまた、

「満州事変突発以来、放送協会は、『ラヂオの全機能を動員して、生命線満蒙の認識を徹底させ、外には正義に立つ日本の国策を明示し、内には国民の覚悟と奮起とを促し、世論の方向を指示するに努める』ことを編集方針」（＊8）

とした。

ラジオのその方向は、演芸番組にも現れ、早くも一九三一年十一月十三日には、講談師・伊藤痴遊の時事講談「満蒙事変の根元」を放送している。

二十九日には、特集番組「第一回在満州同胞慰安の夕」を組み、一龍齋貞山の軍事講談「鐘崎三郎」、琵琶「満州事変」、柳家金語楼の落語「凱旋」を流した。

講談「鐘崎三郎」は、日清戦争時代の軍人で諜報活動をしていた鐘崎三郎を「烈士」として英雄化した話。遼東半島で偵察中に捕らえられ処刑されたが、日清戦争の「英雄」の一人としてもてはやされていた。落語「凱旋」は柳家金語楼の国策落語。若旦那が戦地から凱旋してきたので、店のみんなでお祝いする噺である。

芸人による軍隊への慰問活動も行われるようになった。満州事変直後の一九三一年十二月、吉本興行は大阪朝日新聞社と協力して、人気者であった漫才のエンタツ・アチャコ、花月亭九里丸、神田山陽からなる慰問団（後の「わらわし隊」の先駆け）を、一九三三年十一月には、陸軍省からの演芸慰問使として落語家の五代目蝶《ちょう》花《か》楼《ろう》馬楽（後の八代目林家正蔵（彦六））、講談師の五代目一龍齋貞丈等が満州に出かけている。「わらわし隊」に見られる本格的慰問はもう少しあとになる。

雑誌でも戦争賛美の演芸が取り上げられるようになった。

例えば、雑誌『キング』の一九三三年五月号の付録『時局問題 非常時国民大会』には、神田越山の愛国講談「自動車に籠る忠魂」、寿々木米若の愛国浪曲「山下兄弟・夢枕髑髏隊」、柳家金語楼の愛国落語（国策落語）「御国の為」、大辻司郎の時局漫談「非常時満州」、榎本芝水の愛国琵琶「愛馬の嘶《いななき》」、愛国都々逸などが掲載されている。篠原春雨の愛国都々逸の一つは、「母の手紙を野営の月に読めば死ねよと書いてある」という酷いものである。

戦争賛美の嚆矢となった「肉弾（爆弾）三勇士」

「肉弾三勇士」（「爆弾三勇士」）が映画、浪曲、落語などで盛んに取り上げられたのは満州事変直後であった。

一九三二年二月の上海の作戦で、三人の兵士が鉄条網を突破しようとして爆死する事件が起きた。この三人の死は技術的失敗であった可能性が高かったが、政府・軍部はこれを国民が軍隊を支持し戦争熱を高める好材料ととらえ利用することを考えた。事実を隠し、自己を犠牲にして鉄条網を突破した英雄と美化し、三人の兵士は二階級特進、荒木貞夫陸軍大臣は「爆弾三勇士」と命名した。

『キング』1933年5月号付録

歌舞伎、文楽、演劇、浪曲、落語、映画などあらゆる芸能が競い合って三勇士物を制作・上演。歌までつくられた。

三月三日には早くも新興キネマで映画「肉弾三勇士」が公開され、三月六日の東京木挽町歌舞伎座では六代目尾上菊五郎、十五代目市村羽左衛門らが「肉弾三勇士」の芝居を行い、天中軒如雲月（後の東家三楽）、木村重行、木村友忠、宮川左近、吉田奈良丸、寿々木米若、木村友衛など多くの浪曲師の三勇士物のレコードが発売されている。
落語は少し遅れたが、桂小春団治が一九三三年五月にテイチクから「爆弾三勇士」のレコードを出している。

銃後（十五）の数（え）歌と時局小唄

寄席で国策落語を聴いたというある年配の方から、文句などは覚えていないが、寄席芸人が「銃後の数え歌」や「時局小唄」を唄っていたと教えてもらった。どんな文句なのか長い間わからなかったが、発見することが出来た。銃後之会が一九三八年三月に印刷した刷り物である。

戦争賛美のオンパレードとなっているが、政府・軍部の国民教化のすさまじい方向、当時の国民の意識状況が反映している。当時の雑誌・書籍や戦後の書籍などでもいまのところ見当たらない物なので紹介しておく。

肉弾三勇士の銅像（東京・芝の青松寺、戦後撤去された）

【銃後（十五）の数（え）歌】

一、一歩誤りや　千手のおくれ
　護れ銃後を　第一に
二、日本男子の　名誉にかけて
　非常時局に　うちかてよ
三、見栄も身装も　かなぐり捨てて
　心の錦　身に纏ふ
四、死すりゃ諸共　御国のために
　花とちりましよ　いさぎよく
五、いづれ会うのは　靖国神社
　おらも行くぞえ　一線に
六、無敵皇軍　勇士の辛苦
　おもや不足も　なんのその
七、なにはさておき　留守の手伝《てご》じゃ
　向ふ鉢巻き　襷がけ
八、大和魂は　戦場で輝る

銃後も咲かせ　国の花
九、工夫こらせよ　始末をしろよ
　廃物利用も　国のため
十、銃は持たねど　思いはひとつ
　お宮参拝《まいり》も　襷がけ
十一、いちいち結んだ　千人針派は
　大和魂を　しめたこぶ
十二、十二《とに》角《かく》寄るな　さわるな見るな
　赤の思想に　顔出すな
十三、父さん銃後は　心配いらぬ
　坊やも大きく　なりました
十四、年はとれども　人後にや落ちぬ
　まさかの時にや　花と散る
十五、銃後の意気は　戦場に響く
　ぬかるな心　ひきしめよ

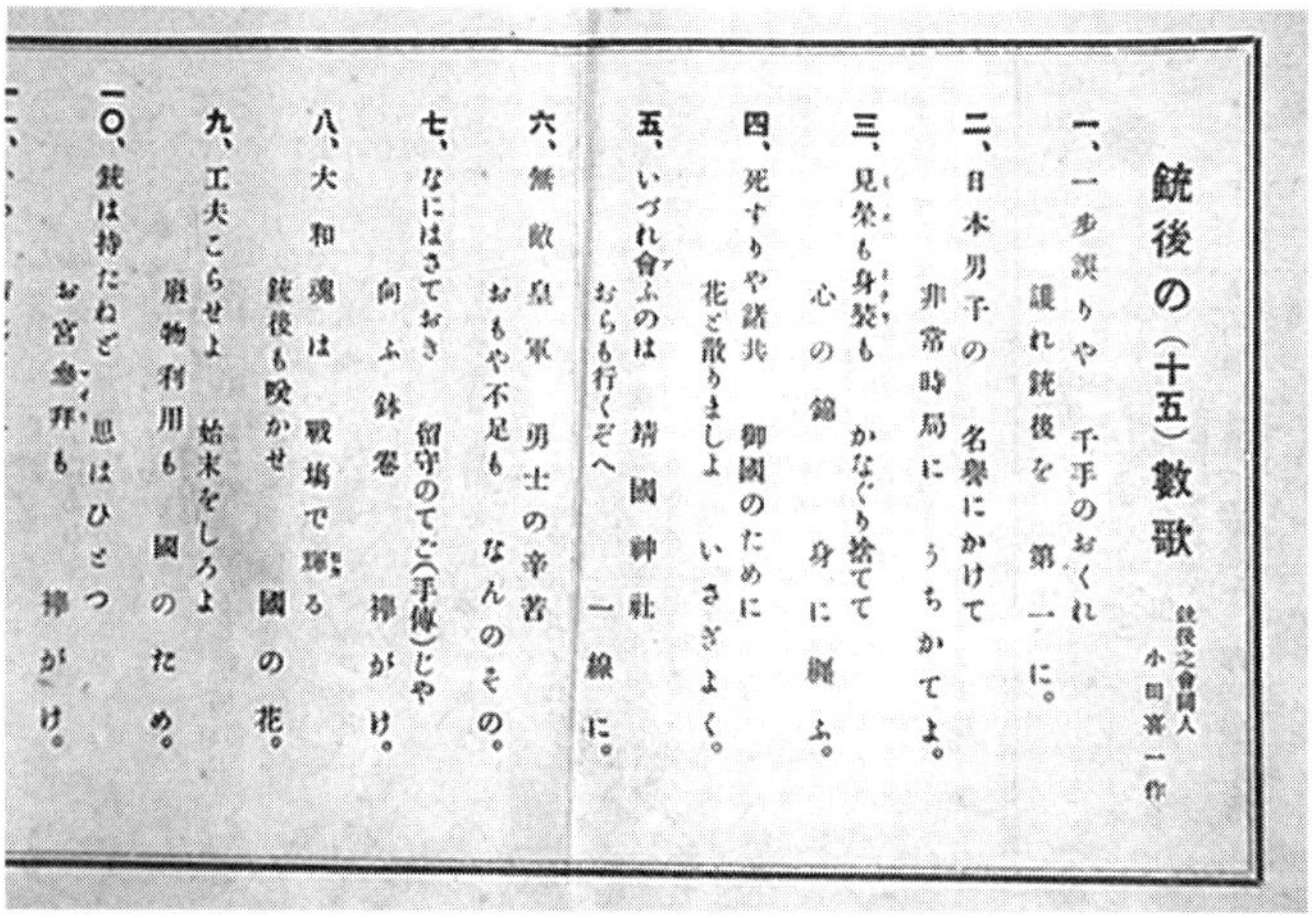
銃後の（十五）數歌
銃後之會同人　小田富一作
一、一歩誤りや　千手のおくれ　讓れ銃後を　第一に。
二、日本男子の　名譽にかけて　非常時局に　うちかてよ。
三、見榮も身裝も　かなぐり捨てて　心の錦　身に纒ふ。
四、死すりや諸共　御國のために　花と散りましよ　いさぎよく。
五、いづれ會ふのは　靖國神社　おらも行くぞへ　一線に。
六、無敵皇軍　勇士の辛苦　おもや不足も　なんのその。
七、なにはさておき　留守のてご(手傳)じや　向ふ鉢卷　襷がけ。
八、大和魂は　戦場で踊る　銃後も咲かせ　國の花。
九、工夫こらせよ　始末をしろよ　廢物利用も　國のため。
一〇、銃は持たねど　思はひとつ　お宮參拜も　襷がけ。

銃後の数歌と時局小唄の刷り物

【時局小唄（豪傑節）】

■出征

いくも送るも　思いはひとつ　赤き心の　日の御旗
国を出るとき　はや半勝よ　行けば○勝　大勝利

■国是貫徹

○○なんぞ　恐るに足らぬ　正義にたちし　吾が日本

■三国防共協定

日本獨伊の　防共陣で
　英米（エエベ）ソかかせ　○○に
近衛主将が　ムッソリ（伊）かまえ
　英ソをヒット（獨）で　ホームラン

■皇軍の進撃

○○部隊が　○○すれば
　○で無人の　境を行く

■空軍の華

陸の隼　敵機と組めば

　自爆覚悟の　胴当たり
海の荒鷲　けやぶる敵機
　胸のすくよな　あざやかさ
■海上遮断
辛苦の封鎖　幾千海里
　ジャンクたりとも　逃しやせぬ
■一番乗り
○○城壁　高うはあれど　立てし手柄は　尚たかい
■楽土建設
占領（千両）しようが　野心はないぞ　亜細亜（味は）大和の　つるし鍵（柿）
■蒋介石の没落
英ソ英ソに　つい買かぶり　死銭（四川）で投出す　支那カンパ
惨敗（さんはい＝上海）喰いつめ　獨伊にやぶられ　介石や死線（四川）で　ふうらふうら
■望友邦の自覚
日本（見本）よく見て　よい支那（品）つくれ　悪い支那では　国滅ぶ
■新政府誕生

行きつくところへ　ハヤ来た（北）支那よ　仲よく支那（中支）　汝（南支）等も
■慰問袋
敵をにらんで　しめたる口も　慰問袋で　ほころびる
■油断大敵
勝って兜の　緒を締め直せ　○の黒幕　討取る（うつ）までは

これが寄席で唄われたものと同じか不明だが、違っていても同じような戦争遂行に協力する数え歌や時局小唄、都々逸が寄席で唄われ、寄席に来ていた聴衆は拍手を送っていたのではないだろうか。

寄席も一つのメディアである。国策落語や国策漫才と合わせて、消えてなくなる寄席での唄などの演芸も国民の意識を戦争に動員する役割を果たしていたのである。

（四）「技芸者の証」の携帯

すべての芸能団体が警視庁の統轄下に

国民の意識を戦争色に染め、演芸界を戦争に総動員させせただけでなかった。芸能を職業とする者は、国家の許可がなければ商売ができないようになった。演芸界の人々は、頭と同時に胃袋も握られてしまったのである。

一九四〇年二月、警視庁が興行取締規則を改正、その中で「技芸者の許可制度」が加えられた。すべての芸能団体が警視庁の統轄下におかれ、浪曲師、講談師、落語家、漫才師、俳優、歌手をはじめ芸能を職業とする者は「技芸者の証」を携帯することが義務付けられた。

前述もしたが、「技芸者の証」がないと商売は出来ない。政府・軍部が芸人の胃袋と命を握ったのである。その意向に沿わなければ生きていけなくなった。

「技芸者の証」は、興行取締規則の第二節第八十五条によるもので、本籍、住所、氏名及び生年月日、芸名、技芸の種類、専属する興行場または劇団、協会若しくは教授所の名称及び所在地を記載し、警視総監に提出し、許可を受けるというものであった。

八十七条には、「技芸の証」を許可しない者の対象を六項目あげ、その「六」では、「思想、素行、経歴其の他不適当と認むる者」としている。九十一条では技芸者、競技者、演出者が遵守する六項目をあげ、その「二」は「公安を害し又は風俗を紊す虞ある言辞、所作、扮装其の他の行為を為し又は為さしめざること」となっている。

警視庁はまた、統轄しやすいように東京の浪曲師、講談師・落語家、漫才師を一つにまとめ、同年五月に日本浪曲協会、講談落語協会、帝都漫才協会が結成された。

これらの協会は、「技芸者の証」の発行事務を受け持つとともに、戦争遂行のための「自粛」と戦争協力をどうするかの役割ももたされた。

さらに十月には日本技芸者協議会が結成される。日本技芸者協議会の構成団体は、大日本俳優協会、大日本舞踊連盟、邦楽協会、大日本長唄協会、大日本三曲協会、演奏家協会、講談落語協会、日本浪曲協会、帝都漫才協会、東京漫談協会、大日本太神楽《だいかぐら》曲芸協会、奇術協会など多くの芸能団体となっている。

十二月二十六日には、日本技芸者協議会と東京興行者協会（映画部、演劇部、演芸部、競技部）が合併して、芸能文化連盟が結成される。

その規約第四条では、

「本連盟ハ、演劇、映画、演芸及協議者其他ノ芸能ノ昂揚ト健全ナル国民文化ノ進展ニ寄与シ以テ芸能報国ノ誠ヲ効スヲ目的トス」

と戦争遂行の国策の為の組織であることを明記している。芸能文化連盟は、一九四四年四月、大日本芸能会に改組される。

浪曲師、講談師、落語家、漫才師など一人ひとりが「技芸者の証」で縛られるとともに、その組織がまるごと国家に従属し、戦争に協力する組織へと変貌したのである。

芸名も変えさせられる

「技芸者の証」の携帯については、様々なエピソードがある。

例えば、李香蘭が日本人であることがわかったのは、この「技芸者の証」の携帯によるといわれる。

外国人も日本で営業するためには「技芸者の証」の携帯が必要で、中国人と思われ大人気であった李香蘭も、日本で舞台や映画などに出演するためには、「技芸者の証」の申請を行わざるを得なかった。その過程で日本人であることが判明したのである。

内務省警保局が、芸人など芸能関係者やスポーツ選手の名前で敵性語に相当するもの、ふざけたもの、皇室や英雄等の尊厳を傷つけるようなものは改名するよう厳達したのも一九四〇年である。

それによって、日蓄の歌手ミス・コロンビアは松原操、新興興行の漫才師ミス・ワカナは玉松ワカナ（一時松竹ワカナ）、漫才師のリーガル千太・万吉は柳家千太・万吉、浪曲師の御門博は「御門」が天皇または皇族に繋がるとして「三門」と変えた。野球選手のヴィクトル・スタンヒルは須田博と改名している。

（五）演芸本来の役割を果たそうとする努力

こうして、頭と胃袋を握られた演芸界は、全体として戦争協力の道を辿っていった。しかし、その中でもごく一部だが、演芸本来の役割を果たそうとする努力は行われていた。

「いかに笑ってもらうか」で苦労

浪曲では第二章でのべたように、実際の興行では、多くの場合、一席目に軍事浪曲、愛国浪曲、国民浪曲などの時局物を演じる一方、二席目には聴衆の期待にこたえ、その浪曲師の得意物を演じた。

浪曲師たちは「総力戦を目的とした戦時体制下という状況において、情報局や大政翼賛会など国家機関の視線を受けとめながらも、興行では客受けを見据えた演目選択をおこなっていた」（＊9）のである。

時局物・国策順応の演目だけでは興行は上手くいかなかったのだ。

講釈師も「忠君愛国」につうじる演目を選んで演じていたが、聴衆の反応も意識し、義理人情の熱い部分に力を入れて演じていた。講談は長い演目も多く、全体に「忠君愛国」につうじると言っても、抜き読みだと、必ずしもそうならないものもあった。
漫才でも戦意高揚だけでなく、聴衆にいかに笑ってもらうかで涙ぐましい努力をしていた。前出の藤田富美恵は、著書『秋田實　笑いの変遷』に次のようなエピソードを紹介している。

「戦争が深まるにつれて、わずかに営業していた客席や劇場や演芸場でも、眼目はまず『戦意高揚』であるから、臨官《ママ》席にはいつも台本を持った警察官が座って舞台を見張っていた。しかし、検閲台本通りの漫才ではお客が承知しないので、客席の事務員さんがワザと用事を作り、事務所で警官にいろいろの意見を拝聴する。これで時間稼ぎをしている間に舞台では、大急ぎでお客を笑わせたりするといった苦心もしていた」（＊10）

国策落語を多くつくった金語楼も、国策漫才を量産した秋田實も、結果としては戦争遂行に加担する役割を果たしてしまったが、戦争を肯定しつつも、戦争という世相の中で少しでも「笑い」を届けたいという思いもあったのである。

「寄席文化向上会」

積極的に本物の落語などの演芸を守り発展させようと努力したのが、前述もした正岡容である。正岡は、戦争の激化にともなって寄席での一席が短くされ、まともな落語が演じられなくなったことに胸を痛め、一九四二年十一月から一九四四年十月まで毎月一回、第二日曜日（八月は休み）、昼席という形式で「寄席文化向上会」を大塚鈴本演芸場で開催した。そこでは、一つひとつの演目がきちんと演じられ、落語、講談などの本物の寄席の話芸を発展させる努力が行われていたのである。

その第一回から最終回までの二十二回のプログラムが『定本正岡容寄席随筆』に資料として掲載されている。第一回は「埋没せる古典落語鑑賞」、第二回は「人情噺・世話講釈鑑賞」、第三回は「音曲噺・芝居噺鑑賞」、第四回は「上方落語鑑賞」となっている。

第四回（一九四三年二月七日）と第十一回（一九四三年十月十日）のプログラムにおもわぬ演目があった。落語の「三枚起請《さんまいきしょう》」である。

「三枚起請」は遊郭に関する噺であり、禁演落語の一つである。吉原の遊女・小照にぞっこんの三人の男が、三人とも小照から年期が明けたら夫婦になる誓いを立てた起請文をもらっており、それがわかって騒動となる典型的な廓噺である。

戦時下で堂々と禁演落語が演じられていたという事実は、驚くべきことである。第四回では桂小文治、第十一回では上方落語の笑福亭松鶴《しょうふくていしょかく》が演じている。その思いが第十一回のプログラムに、「当会は自粛禁演落語当不当の再検討、便乗落語の徹底排除、江戸伝統情操落語の高揚を終生の目標たらしめ度く、今回は大阪落語の至宝笑福亭松鶴君に来演」してもらい、演じてもらうことにあったと書かれている。ここにある便乗落語とは時局に便乗した国策落語のことである。

戦時下において文化向上会のような戦争遂行に協力するのでなく本物の演芸向上をめざす努力があったことは特筆されなくてはならない。

反戦を貫いた岡本文弥

戦争反対と言っただけで、弾圧された戦時下に、反戦を貫いた芸人がいた。新内節岡本派五代目家元の岡本文弥である。

新内節とは、浄瑠璃（＊11）の一流派であり、歌舞伎の音楽に使われたり、廓を三味線をもって流す新内流しなどがある。岡本文弥は、一九二三年、二十八歳の時、中絶していた新内節岡本派を再興。築地小劇場の藤森成吉作「はりつけ茂左ヱ門」の劇を見て感激、反戦と労働者の立場にたつ「赤い新内」（左翼新内）の道を選ぶようになった。

三〇代の初めに新しい新内をつくっては、「市内百貨店のホール、ストライキの現場、政党や組合の寄合いなどで演奏」（＊11）をおこない、台本不許可になることはしょっちゅうであったという。その頃つくったものには、「西部戦線異状なし」「ハリツケ茂左ヱ門」「蜂起」「ほえろ百姓」「太陽のない街」などがある。いずれも反戦色、反権力色の強い作品である。

「西部戦線異状なし」は、ドイツのレマルクが書いた同名の長編小説がもとになっている。第一次世界大戦の西部戦線に投入されたドイツ軍志願兵の戦争の恐怖、苦悩、愚かさ虚しさを描いた反戦小説である。

文弥は戦争がいかに愚かなものか、庶民を犠牲にするものであり、戦争を起こしてはならないと、節に乗せて語った。私は、一九七九年に聴く機会があった。

「あるは貧困の二つだけ。しぼり取る奴、しぼりとられ細々生きる俺たちは、わけのわからぬ戦争に、駆りたてられて死んでゆく。無産の民のみじめさよ、怒りに震える折りからに」「戦争は二度とふたたびあってはならない」などの語りに、私の胸は震えた。

この新内は、満州事変前年の一九三〇年、文弥三十五歳の時に、築地小劇場プロレタリア演芸大会で演じている。

その後、いっそう戦争が激化する中で、弾圧も厳しくなり、中止、中止の連続で演じつづけられなくなったが、戦時下、反戦の立場を貫いた新内をつくり、労働者・農民の中で演じる努力を行った事実は貴重なものである。

岡本文弥は、戦後、峠三吉の『原爆詩集〈序〉』から原爆の悲惨さ愚かさをテーマに「ちちをかえせ、ははをかえせ」を語った「にんげんを返せ（ノーモア・ヒロシマ）」、従軍慰安婦問題を正面から扱った「ぶんや・アリラン」などをつくり、演じている。

【注】

＊1 『情報局関係極秘資料』第六巻（不二出版、二〇〇三年）、一六七頁
＊2 同前、一六八頁
＊3 同前第七巻、七頁
＊4 同前第六巻、一七五頁
＊5 同前、一七一頁
＊6 同前、一七五頁
＊7 同前、三三九頁
＊8 『放送五十年史』（日本放送協会、一九七七年）、七六頁
＊9 真鍋昌賢『浪花節　流動する語り芸』（せりか書房、二〇一七年）、一四六頁
＊10 藤田富美恵『秋田實　笑いの変遷』（中央公論新社、二〇一七年）、一一九～二〇頁
＊11 岡本文弥『赤い新内　まんじゅしゃげ』（大月書店、一九九二年）、六八頁

第八章　戦争末期の政策転換

（一）慰安・娯楽の要素を重視

戦争末期になると、日本本土への空襲も激しいものとなり、国民の中に敗戦気分、厭戦気分が生まれ、戦争を否定する意見なども出て来るようになった。

国民感情を懸念した政府・軍部は娯楽政策・演芸政策を転換させた。

空襲、食料不足などから生まれた国民の中の暗雲を吹き払い、明るい気分をつくり出すために、戦意高揚・国策遂行のための演芸から慰安・娯楽の要素を重視する方向に路線を転換したのである。

それは、ラジオ放送に明瞭に表れた。一九四四年四月に政府から出された「当面の放送指導に就いて」で次のように強調している。

「演芸音楽の放送は特に国民の情操を育み、健康明朗な慰安娯楽を提供するやう編成実施されることが第一義的に必要である。演芸音楽等に於て直接国策的な要請が生のまゝで露出したものや、聴取者にお説教をするやうな生硬なものは極力避けねばならない。

ラジオは国策を周知徹底せしめる極めて有力な機関であるが、しかしそれかと云つて放送の内容にすべてお説教が入ったのでは、国民に訴える力を失ひ、場合によつては国民の反発を招く虞れがあるから、国民に是非訴へなければならぬ国策についてはそれを重点的にとりあげて直接簡明強力に放送する途を別途に講じなければならぬが、演芸放送は国民の慰安となり娯楽となるものを充分に放送して国民の疲れを癒し、不平不満や陰鬱な気分を払拭するやうに極力努力しなければならない」

(二) 放送と雑誌の変化

出来るだけ明るい作品を放送

娯楽・慰安などの方針転換は放送だけではなく、あらゆる「芸能、文芸、出版物及び新聞」等の内容の方向に徹底された。

一九四四年五月一日の「次官会議申合」の方針では、

「国民ニ適当ノ慰安ヲ与ヘ以テ長期戦遂行ニ必要ナル闊達ナル精神ノ涵養ニ資セントス」とし、その要領の（二）で「芸能、文芸、放送、出版物及び新聞等ノ内容ニ於テモ健全明朗ニシテ興味アリ生活に潤ヲ与フルモノヲ一層加味スルモノトス」

としている。

方針の変化は、実際の放送、雑誌における掲載状況からも裏付けられる。

『放送五十年史』によると、

「日本放送協会は、連日の警報放送の合間を縫って慰安番組の編成に努め、暗くなりがちな国民感情を明るく引き立てるために、できるだけ明るい音楽や浪曲、講談、落語、物語、ドラマ、舞台中継などを放送した」（＊1）

とある。

じっさい、一九四四年三月から八月、慰安重視を意識し、徳川夢声の朗読による娯楽性の強い富田常雄作『姿三四郎』（＊2）が放送された。浪曲の放送でも戦意高揚が強いものより、明るいものが取り上げられた。

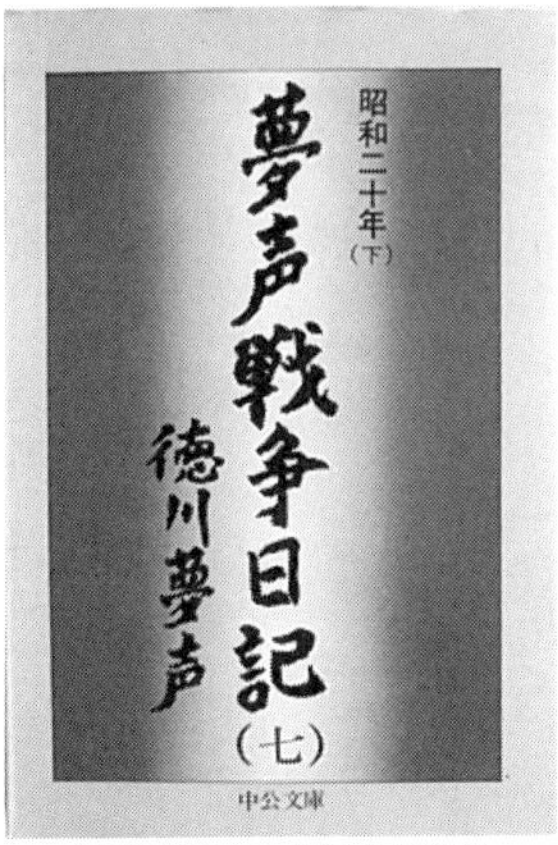

徳川夢声の『戦争日記』

この時期でも愛国浪曲が放送されているが、戦意高揚より明るい話題に焦点をあて、明治時代に財界きっての大立物となった田中平八の立身出世物語「天下の糸兵」が田辺南鶴の口演で放送されている。

減った国策落語の放送と雑誌掲載

一九四〇年から四五年の演芸番組における国策落語の放送を調査したところ、アジア太平洋戦争が開始された一九四一年は六本と急増しているが、戦争末期の一九四五年は一本となっている。

しかもその一本は、国策的内容の強調というより、「そば」に胡椒を入れすぎてくしゃみしながらしゃべるところが面白い、明るい六代目春風亭柳橋の「支那そばや」であった。

雑誌『キング』における国策落語の掲載状況を見ると、一九三八年は三本、一九三九年は一本、それが一九四〇年七本、一九四一年九本、一九四二年六本と増え、戦争末期の一九四三年は二本、一九四四年は三本、一九四五年は一本と激減している（＊3）。

娯楽政策は転換されたが、空襲はますます激しくなり、国民はまともに演芸を楽しむ余裕を失っていた。戦争末期の娯楽政策の転換は、敗戦の足音であり、新しい時代を知らせる鐘の音でもあった。

【注】

＊1　『放送五十年史』(日本放送協会、一九七七年)、一六七頁

＊2　柔道創成期前後の明治時代を背景に、実在の柔道家をモデルに柔道家・姿三四郎の活躍を描いた物語。多数の映画・テレビドラマ、漫画の原作となった。徳川夢声は吉川英治の「宮本武蔵」もラジオで語っている。

＊3　柏木新『はなし家たちの戦争——禁演落語と国策落語』(本の泉社、二〇一〇年) 第四章による。

第九章　戦時下の演芸に対する国民の反応

戦時下の演芸に対する国民の反応はどうであったか。

新聞、雑誌、ラジオなどには聴衆の投書や、国民の声を反映した記事が見受けられる。今日と違って素直な声かどうかは不確かな面もあるが、参考にはなる。

なかでも風俗・社会時評の短いコラムを掲載した『文藝春秋』(月刊)の「目・耳・口」欄には演芸放送に対するさまざま意見が掲載されている。何人かの人たちによるコラムだが、当時の国民の声もある程度反映されており、戦時下の演芸に対する捉え方がうかがわれる。

一九四〇年一月から一九四四年四月(これ以降の掲載はない)までの五十二カ月の「目・耳・口」に掲載された演芸関係のコラムを紹介する。一回につき十前後のコラムが掲載されており、演芸関係がない月もある。

特徴は、日本中を戦争支持の空気が覆っていた時代を反映し、付和雷同もしくは同調圧力から、「自粛」していることや国策順応を歓迎するとともに、それを煽る声があること。しかし同時に、国民はどんな時にも腹から笑えたり泣いたり、感動できる演芸を求めており、政府・軍部推奨の国策順応の演芸は国民を満足させられないだけでなく、批判的意見もかなりあることである。

（一）自覚した給へ自覚を！

まず、国策順応を歓迎しているものを紹介する。カッコ内は掲載の年月。

●ナンセンス映画に制限の加へられたのは良い事だ。東宝は勿論のこと金語楼もエンタツも、行詰つたら行詰つたやうに然るべき識者について賢明な前途への打開策を講ずべきだ。（一九四〇年四月）

意気や、壮なりと褒めよう

●廓ばなし、其の他不健全な舊《きゅう》落語五十三種を葬り去つて、落語家の據金《きょきん》による「はなし塚」が建設されると云ふ噂。くさぐさのたはけた名作を棄てて、新時代に立ち上がる意気や、

壮なりと褒めよう。（一九四一年十二月）

●米英の侵略的行進曲や頽廃ジャズは絶対に放逐しなければならぬし、今でも愛国行進曲や太平洋行進曲をジャズ式に演奏してゐる軽音楽団は跡を絶たない様だが、斯うした方面も更に自粛して貰いたい。（一九四二年二月）

●去年の今頃から、時局緊迫に即応して講談、落語、漫才、浪曲などは博徒や浮浪人や遊里の題材を切り捨てる事になり、これで大衆が蹤いて来るだろうかと悩んだらしいが、今では新しい健全娯楽の趣旨がすっきりイタに付いて、日本精神的な譚や市井巷間に充満する健康な笑いだけで、十分に万人を楽しませてゐる。まだ芸が熟してゐないための雑駁さは免れないにしても、タチモノ演芸の新方向は既に大衆の支持を受けているのだ。（一九四二年九月）

●浪花節と漫才に厭到されて、講談、落語が過去の遺物として凋落して行くのは淋しい事である。日本独特の高度に磨かれた口舌芸《こうぜつげい》はこんな状態で滅亡させたくない。大衆の支持と云ふ点では、明らかに前者が勝つ。講談、落語をもつと時局に近付け大衆の理解力に近づける努力があつてよいと思ふ。（一九四三年十一月）

国策順応を煽る声

単に歓迎するだけでなく取締り、「自粛」、国策順応を煽る声も少なくない。こうした声は国民精神総動員など政府・軍部の国民への意識的働きかけが背景にあるのだが、政府・軍部は、自分たちに都合の良い「国策順応を煽る声」を重要な口実の一つとして利用し、演芸界の戦争遂行への協力をさらに強化したのである。

●近来の娯楽放送の醜體は何事ぞ！　ピアノ伴奏、流行歌入りの浪花節とか、「漫才大会」の愚劣さなぞその著しきものである。浪花節が悪い漫才が愚劣だと云ふのではない、なげやりな、その場限りの態度を詰問するのだ。大體世間で評判のいゝものはどんど放送して了ひ、種がつきるのは分つてゐても自分から育てよう捜出さうという努力は皆無なのが放送局全面の怪しいからん態度なのだ。多年の娯楽放送が何を誰を生み出したんだ。自覚した給へ自覚を！

例へば落語物真似の馬風だが、あれなんか放送局に頭のある者が居れば、何か変わったものが出来るに相違ないのだ。芸人だから頼まれゝば出まさあね、評判がいゝといふので同趣好を繰返すばかり、少し指導をしておやりなさい。（一九四〇年七月）

●時勢に適した演芸として、講談の復興気運がほの見える。釈師それ自重せよ、随分永い不振時代であつたが、今日あるを得たのは、さし当つて貞山あたりの存在を賞してよく、伯鶴如きは消えて無くなるべきである。（一九四〇年十月）

●ラジオの時事解説などにも随分つまらないものがある。刻々の情勢の変化に就いてはよろしく責任の地位に在る者が国家的角度に於て批判し、解説し、国民を強力に指導しなければならぬ、それには情報局が此の任に当るを以て至当と考える。（一九四一年六月）

●軽音楽をやる連中にはまだアメリカ・ジャズを平気で奏してゐるのがあるのには驚く。さうかと思ふと、軍歌や愛国歌をジャズ化してタップなんぞを踊つたり、日本民謡や唱歌曲をブルース風に編曲して頽廃的な演奏をやつたりするのがある。こんなは平時であつても醜態だが、ましてや此の際は断然禁止してしまはなくてはならん。（一九四二年三月）

●義太夫にも、時局的新作が連発される。流石叩き込んだ芸で一応は聴けるが、謡曲めいたフシが多いのは窮屈だ。もっと大胆に、フシにも会話にも市井的情緒を取り入れたらどうだろうか。大衆的にすることがけつして義太夫の品位を傷けるものではないし、時局的新作はよけい大衆に訴える様にすべきだ。（一九四二年五月）

●民衆に強い印象を与える大衆演芸は適当な方法で用ひたら、戦時の国策宣伝機関として、壁新聞以上の効果を発揮するだろう。事勿れ主義で萎縮させて了はずに、積極的に指導鞭撻して活用する方法は講じられものか。演劇、映画、音楽等に対する関心の半分、四半分でもいゝから、大衆演芸の善導と国策協調について識者に考えて貰いたい。（一九四二年六月）

●漫才が時局ニュースの最も平明な解説者であり其のニュース性と批判性の故に大衆の支

持を得てゐると云ふ事は過小評価できない。此の点では時局演劇よりも時局映画よりも端的直截に効果を発生するのだ。漫才が一般的に滑稽会話をやると芸の未熟さが禍をなして落語漫談よりずつとつまらないが、ニュース問答だけは独壇場と云へる。国策宣伝の当局者はもつと積極的に漫才を指導誘掖してやるべきではないか。（一九四三年一月）

●それを国策的指導して皇国意識を昂揚し戦力増強に貢献せしめる事は是非必要なのだ。為政者も経営者も娯楽政策を行ふことを恥ぢてはならない。（一九四三年十月）

（二）愚かすぎる

当時の国民の意識からして演芸が戦争協力していることを歓迎するのは当然だったが、「目、耳、口」欄にはいわゆる国策順応型の演芸に対する批判の声が予想以上に多かった。戦争協力をしていることの批判とまではなっていないが、面白くなかったのだろう。

演芸放送が面白くない

●度々言われてゐることだが、別して最近演芸放送が面白くない。企画に全然突つ込みがない。自粛と統制の声に怯え切つてゐる観がある。かういつた御時勢であればこそ、企画に

練りが必要であらうのに、所謂有り物らよつてその日その日の時間を埋めてゐる状態は正に醜態の極である。（一九四〇年十月）

●馬琴曰く「講談の方は何も新体制と云つて周章ることはない。吾々は三百年来新体制」と反りかへつて笑いを買ったが成る程講談の方は読みものを少し加減すればすむだろう。落語に到つては遊蕩偽瞞偸盗賭博と云った材料が多いのだから聴いて見れば罪のないお笑ひでも本質的に時局に合はぬ嫌ひは有る。そこで諸師匠の苦心惨憺となつたのだが、どれを聞いても与太郎熊さん八さん家主デコボコ隠居の亜流が出て来る上に、妙な説論が交じるばかり、一向腹にこたへる真打咄がないのは辛かった。落語の凋落は真打咄の潰滅とヨタ咄の横行に依つて生じた事を考えたら新体制を機会に当面糊塗の漫談かぶれを清算し本当の噺にかへつて再出発すべきだ。（一九四〇年十二月）

●本紙新年号の輿論調査に於て、ラジオの面白くないといふ声は圧倒的であつたが、その後の放送は一向に反省した模様が見えないのはどうしたものか。動脈硬化し弾力性のない機構では容易に効験が見えないのかも知れないが、是非面白くして貰ひ度い。（一九一一年四月）

●落語を聴きに行ったら金属資源回収の奨励らしい事をマクラに喋つたのが、一晩に三つあつた。噺し家も国策宣伝の一役を買つて出る気持ちは肝とすべきだが、もう少し巧くやる事を考えたらいゝだらう。漫才の方では国策宣伝の薬が利ぎるほど堂に入つた連中が多いが、これも過ぎたるは及ばざるが如きものがあり、中には逆効果のやうに思はれるのさへある。誠意は買えるが方法はもっと研究の余地が有りはしないか。（一九四一年七月）

時代錯誤的な入れ事で噺を混乱

●さて芸の方はどんなものだろうか。御時勢が昔の咄が大分抹殺されたり削除されたとは云えまだ良い咄も沢山あろうし、古人に劣らぬ新作を出す余地も多からう。昔の咄と云へば改悪された前座咄、新作と云えば有り合せの小咄を時局色で上皮だけ塗り替へたものをやつて前受けを狙ふ落語家の多い当節だから、襲名したら先代よりも名を大きくする位の積極性を持つてくれないと落語は滅亡して了ふ。

（一九四一年十月）

『文藝春秋』1943年3月号

●しみじみとして市井人情を楽しく通俗に物語る人情噺を落語家がやらなくなつて、大真打までが其の場限りのくすぐりで御茶を濁し、塩原多助、文七元結、子は鎹、浜野矩随などと云ふ名作が空しく芝居や浪曲に取られてしまつたとは何んたるわけか、笑いと涙の人情噺こそ今日の国民を最も

慰めるべきであろうに。(一九四三年三月)

●情報局あたりの御世話で愛国浪曲と云うものが出来たがどうもあれは売り物にならぬと見えて其後は一向にぱつとしない。此のごろ浪曲向上会と云ふのが出来て新作をやると云ふことだが浪曲に親しみのない文壇名士をやたら動員するよりは、斯道の専門家作家に良い材料を與へて大衆性のある基本の中に指導性を盛り込む方が賢いのではないかしらん。(一九四一年八月)

●その放送番組が無味乾燥のため、つひスイッチをひねるのが億劫となり、大事なニュースを聞きもらすことが多い。今少し斬新な放送企画をたてゝくれぬものか。浪曲の聴き手が如何に多いかは知らぬが、それに甘んじて昨日も今日も浪曲では、大抵ウンザリしてしまふ。(一九四三年四月)

●ラジオで講談・落語の在り来りのものを聞いてゐると話術の巧さにこそ感服するが話の筋道に今の我々の感情と食ひちがつたものを感じることがある。殊に中途にはさむ余談的駄弁の中には無くもがなのくすぐりや低俗な批判が入る場合が多くて威気をもよほす。寄席とちがつてラジオでは話が直載で迫力を持たなければ聞き苦しい。出し物にも話し方にも一考を要すると思ふ。(一九四三年八月)

●健全な笑いを銃後に提供すると云ふ趣旨から、ラジオで寄席中継を盛んにやるのは良いけれど、昔の名作に時代錯誤的な入れ事をして話の混乱させた上に、勝手なところで胴切りにして「ヘイお後が宜しい様で」と引き下がるのは困る。昔の名作は笑いの中に人情の美があり、正義を愛し秩序を尊ぶの念がこもつてゐればこそ聴いて楽しいのだ。それを、たゞのくすぐりに引き下げてしまうのは愚かすぎる。（一九四四年二月）

両論とはいえ、賛成が多く切り口上なのに比して、批判する声には真情がある。面白いものである。

第十章　愛国浪曲と現代浪曲

愛国浪曲は、涙を誘う義理人情、聴く者の心を揺さぶる節と啖呵など浪曲の魅力を利用する一方、国策に順応する演芸にしようとした。しかし、そのために、せっかくの作品も聴衆から歓迎されないものとなってしまった。

その一つに、長谷川伸原作、二代目廣澤虎造口演の「函館碧血碑《はこだてへきけつひ》」がある。戊辰戦争における函館五稜郭の戦いに題材を求めた話であるが、戦いそのものがテーマではない。それにまつわる函館の侠客・柳川熊吉の義侠心の話である。長谷川伸が原作を書き、それをもとに浪曲台本をつくり、一九四〇年十一月に廣澤虎造が明治座で口演した。

この「函館碧血碑」と同じ題材による現代浪曲「五稜郭《ごりょうかく》始末記《しまつき》」を比較して、浪曲本来の魅力と国策順応の問題点を考えてみたい。

題材は戊辰戦争の柳川熊吉

慶応から明治になる一八六八年から六九年、新政府を樹立した薩摩藩・長州藩・土佐藩を中心にした新政府軍と旧幕府軍とのあいだではげしい戦いが展開した。その一つに函館五稜郭の戦いがある。榎本武揚らは五稜郭に拠って新政府軍と戦い、敗れた。

賊軍とされた旧幕府軍のおびただしい遺体は、新政府の厳命もあり、埋葬されず放置された。それを哀れに思った函館の侠客・柳川熊吉は、実行寺住職・松尾日隆、大工棟梁・大岡助右衛門と相談し、子分たちに命じて仮埋葬をした。賊軍の慰霊を行ってはならないとの明治政府の命令に反した熊吉は追及されたが、新政府軍の薩摩藩士・田島圭蔵が「こういう男を死なせてはならない」と、熊吉の打ち首を取り止め、無罪釈放した。

現代浪曲「五稜郭始末記」

現代浪曲「五稜郭始末記」もまた同じ柳川熊吉の義挙を題材にしているが、作者は笹井邦平で、二〇〇〇年に日本芸術文化振興会（国立劇場）が募集した大衆芸能脚本浪曲部門の受賞作である。演じたのは二代目東家浦太郎。それを弟子の東家一太郎が引き継いで演じている。

私（柏木新）は二〇二二年八月十五日、新宿のガルロチ寄席「プロパガンダへの道〜国策演芸と禁演落語」で一太郎が演じるのを聴いた。この寄席には私も出演し、「戦時下の国策演芸と禁演落語」について話した。一太郎の熱演があり、立川談之助が禁演落語にまつわる噺を披露した。

虎造の口演は聴けないが、残っている長谷川伸の原作、浪曲台本、レコードをもとに、「函館碧血碑」と一太郎の「五稜郭始末記」とを比較検討してみた。

官軍と武士道を賛美する「函館碧血碑」

「函館碧血碑」の基本的なスタンスは、官軍の賛美におかれている。

熊吉が首を打たれる寸前、突如、官軍の陸軍参謀黒田了介（のちの黒田清隆）が登場する。

「太刀を振上げた間一髪、はいはいはいと刑場に馬騎《の》り入れたるひとりの男、こは厳めしい軍服姿、この人こそ誰あろう、陸軍参謀黒田了介、後の黒田清隆……」（この部分は節となっている）

いまにも熊吉の首が刎ねられると聴衆が固唾をのんでいる時、黒田了介が鞍馬天狗よろしく正義の味方として登場する。

刑場の役人は、「法は厳しきがよく、賞は厚いがよいと申します」というと、黒田了介は、「朝鮮征伐」の時の話を持ち出し、武士道の素晴らしさをのべ、首斬りを中止させる。その持ち出した話も節である。

「慶長二年豊太閤、二度目の朝鮮征伐に、島津義弘将軍は、泗川《しせん》といへる城塞で、明の敵軍十八萬を、一手に引受け激戦をなし、その八萬を殲滅して、鬼をもひしぐ勇将と、恐れられたる義弘公、紀州高野の御山にて、わが戦死者の供養をば、営むときに敵軍の、戦死者諸共勇士として、厚く冥福祈った上、供養の塔を立てたといふ、聞くだに襟を正させる、わが武士道の床しさよ……」

そして、「我々日本人とは、かういふ人間なんだ。これは昔もそう、今もそう、将来もまたそうではなくてはならん！」という黒田のセリフが続く。

この場の黒田の登場は、無理がある。たしかに函館戦争の時、黒田了介は、新政府軍の参謀として指揮をとったが、柳川熊吉の首斬りを中止させたのは田島圭蔵である。

史実をまげてあえて黒田了介を登場させ、「朝鮮征伐」時の島津義弘の武士道精神の訓話までしているのは、軍と軍人の寛大さ、人情深さを印象づけ、日本国と日本武士道の優秀さを説くためである。

心の触れあいを描いた「五稜郭始末記」

現代浪曲「五稜郭始末記」は違っている。

夜中に熊吉の子分たちが遺体を処理しているところに、田島圭蔵が馬で通りかかる。しかし田島は見て見ないふりして何事もなかったように通り過ぎる。馬上の人物が田島かどうは聴衆には明かさない。東家一太郎は抑え気味でさらりと演じ余韻を残す。

熊吉の首斬りを止める場面では、「函館碧血碑」の黒田了介のような「朝鮮征伐」の訓話などはない。それより、「あの時（馬でとおりかかった時）の御方は貴方でしたか」など、熊吉の義侠心と田島の人柄が見事に絡み合う場面となっている。

函館にある碧血碑は、函館戦争における旧幕府軍の戦死者を記念する慰霊碑である。それにまつわる柳川熊吉の物語は、そのままで人の心を打つ。国策に順応させる必要などまったくない。「五稜郭始末記」はそれをよく知っている。余計な脚色をしない。人間どうしの心の触れあいが浮かびあがり、一太郎の浪曲は聴く者の心を揺さぶる。

「函館碧血碑」はさすが長谷川伸の原作であり、話としてよく出来ている。が、どこかで国策に合わせようとしたのだろう、首斬りの最後の場面で日本と武士道精神を謳いあげようとしてかえって興ざめしてしまう。本来の魅力を削いでしまったようだ。

レコードの虎造は、台本より短くなっているが忠実だ。内容は歓迎できないが、独特の静かな語りは「清水次郎長」を聴いているようで心地よい。しかし気のせいかもしれないが、盛った話の黒田の場面は気乗りしないような節回しである。

本来の魅力を失った愛国浪曲

浪曲の一つの魅力は、義理人情を心に沁み入るようにうたい、語るところにある。人と人との心の行き違い、もつれ、それをほぐし、人が生きるのは己のためでなく恩ある人のためと筋を通す、世間を向こうに回してもその潔さをつらぬく、けなげな心の美しさをしみじみとさせるところにある。が、愛国浪曲はその義理人情の相手を「国」という途方もなく大きなものにしてしまい、どうすればいいのか分からなくさせてしまったと言える。

現代浪曲「五稜郭始末記」を聴いていると、「勝ち組」の政府の人間とはいえ彼にも人の血が流れ、通うものがあるとほろりとし、浪曲の面白さに引き込まれるが、「函館碧血碑」は、武士道、日本人、と寄り添えないものが出てきて感情がぷつっと切れてしまうのである。これでは浪曲の魅力は半減かそれ以下にしかならない。

問題は、浪曲本来の魅力をそのように国家が政策として奪ってしまったことだが、はたして、「戦争遂行の大切さ」「お国のため」と、聴衆は心の底に入れただろうか。それよりも何よりも、ナマの虎造節を楽しんだのではないだろうか。私はそんな気がしてならない。

【資料1】 愛国浪曲大会での演目（あらすじ）

◎「新嘉坡《シンガポール》の白梅」《木村毅原作・東武蔵口演（以下、原作・口演は略）》〔現代篇〕

新聞記者の山田正一郎は、ロンドンに在任していた時、ロンドンの公園にあった世界で最も大きな大砲三門が突然と消えた。調べた所、シンガポールの新要塞に据え付けるらしいということがわかる。それは日本にとっても重大なことになる。日本を仮想敵とするかどうかは、巨砲の据えた位置でわかる。山田はそのことを探るためにシンガポールに来たのだ。庭を見ると梅の木があったが、暑さのため花が咲かないという。

そこで知り合ったのが母親が日本人という娘。母が死ぬまぎわに言った言葉は、「お前の胸や心には、忠義にあつい日本の、赤い血潮が流れている。わすれちゃならぬ祖国愛、女ながらも一筋に、天皇陛下のおんために、尽しておくれ」。

山田は娘に「お梅」と名付け、大砲の秘密探しに協力してもらう。しかし、要塞設計の秘密地図は手に入らず、シンガポールをあとにしようとしていた時、胸に滴る血潮のあと、唇色褪せたお梅が現れる。お梅は要塞地図を手に入れてくれたのだ。そのため深手をおい虫の息。「天皇陛下の御ために、死んで花咲く果報者、梅はうれしゅうございます」。

「ぱっと咲いたる梅一輪、散ってはかなくなりたれど、香り久しく後の世に、誉を残す愛国美談」とうたいあげる。

◎「筑紫の博麻呂」《白井喬二・東家楽燕》〔時代篇〕

朝鮮が新羅、百済、高麗の三つの国から成立していた時代の話である。唐土（中国）と内通した新羅が百済を攻め滅ぼそうとしたので、日本は百済に援軍を送る。その時、軍夫として加わった筑紫の大伴部博麻呂は捕虜となってしまう。そこで唐が日本を攻める準備をしていることを知る。

この事を日本に早く知らせるため、博麻呂は自分の体を三十年間奴隷に売り、資金をつくって四人の友を日本に送り帰した。

三十年後、奴隷から解放された博麻呂は日本の土を踏む。その後博麻呂は日本の国の守りを固くしようと各地の城を見廻る。讃岐の屋島城で実地の戦争そのもので城の防御を試すことになる。演習といっても実際の戦いとなる真剣勝負。攻める敵の大将が博麻呂の孫とわかる。それでもお国の為と孫がいる敵軍に矢玉の嵐。「たちまち、敵船崩れ立ち、火柱高く天に沖した」。大伴博麻呂の誠忠談。自分が犠牲になってもお国の為にいかに尽くすかを奨励する。

◎「長英の新出発」《藤森成吉・初代春日井梅鶯》〔時代篇〕

幕末の話で、渡辺崋山の弟子、高野長英を扱ったもの。蛮社の獄で政府批判のかどで逮捕され永牢終身刑となる。牢屋敷が火事となり、「切り放ち」に乗じて脱獄。宇和島藩主に庇護され、兵法書などの蘭学書の翻訳、宇和島藩の兵備の様式化を行う。その後、江戸で医者になるなどをしていたが、密告され逮捕され、護送中に絶命。波乱万丈の長英の新出発を描いている。

◎「十四日の月」《子母澤寛・初代木村友衛》〔時代篇〕

幕末、水戸の教育者・日新塾の責任者・加倉井砂山の弟子、與野助九郎と藤田東湖の息子小四郎、加倉井砂山夫人(未亡人)を扱った物語。

十四日は加倉井砂山の命日。命日には助九郎も小四郎も必ず墓参に訪れる。お墓の前で二人は議論をする。それを聞いているのは、砂山夫人と砂山の息子右馬允。

砂山の教育は勤王攘夷。二人の行く道は同じだが、ただちに攘夷を幕府に迫るために決起すべしとの小四郎と、回り道をしても大きな塊をつくって事を運ぼうとする助九郎の考え方は違っていた。小四郎は砂山夫人と右馬允に裁断を願うが、拝聴するだけだった。

砂山夫人はどちらの議論が正しいかでなく、二人が亡き夫の教育で論議してくれることが嬉しかった。

それからまもなく小四郎は筑波山で挙兵、天狗党の乱を起こす。やがて助九郎も加わる。砂山の息子・右馬允も加わることを母の砂山夫人に打ち分ける。砂山夫人は大いに喜ぶ。夫の教えが小四郎・助九郎・右馬允と広がっていくことが嬉しいのだ。天狗党の乱は征伐され小四郎たち砂山の教育を受けた多くの日新塾の人たちはこの世にいない。

しかし砂山夫人は、「上御一人の御《み》たてとなって斃れた人達、これが男児の本懐、日本の武士の本懐」「すべての日本人の胸から胸、心から心の底に加倉井砂山の学問は、教育は、眼にも見えず、耳にも聞こえぬ、しかし、大きなものとなって、永遠に残るのです」と讃える。天皇のために命を尽くす武士道の賛美。

◎「村上六等警部」《尾崎士郎・酒井雲》〔時代篇〕

明治時代の神風連（敬神党の乱）を背景にした物語。

廃刀令反対などに見られる士族たちの明治政府に対する反乱が各地で起こった。旧肥後藩（熊本）の士族太田黒伴雄、加屋霽堅、斎藤求三郎らが明治政府への強い不満を抱く士族たちを集め反乱を起こした。それに加わった一人に村上休十郎がいた。両親は早く亡くなり、休十郎は兄の六等警部の村上新九郎のところへ。やがて、兄に育てられた弟は乱を起こす側、兄はそうしたことを取り締まる側に。

休十郎は秘密にしていたが、新九郎は弟たちの企みを知る。休十郎の所に来た同志の手紙を新九郎の許婚の妙が盗み見し、伝えていたのだった。

新九郎は休十郎を縛りあげ、神風連本部に乗り込もうとする。そこにやってきた妙から決起が今夜と聞き、あわてて駆け出す。妙は、縛られている休十郎の縄をほどくが、決起には間に合わない。「遅刻したものは同志の成敗を受ける」と休十郎は腹を切る。

神風連は県令宅を襲う。新九郎も駆け付けるが、友人で神風連の一員である愛敬元吉の手にかかる。新九郎は弟が裏切り者でないことを話す。愛敬は村上の家に行き妙と会う。妙は新九郎に手紙の内容を話したのは自分であり休十郎は裏切者でないこと、休十郎に裏切者の汚名をきせ命を失わせたのは自分なので成敗してほしいと愛敬に言う。

愛敬は、陛下の赤子《せきし》として国家のために我々も動き、新九郎も休十郎も自分の役割を果たしたのだ。妙さんも新九郎の命でその役割を果たしたまでと許す。しかし、妙は喉をついて自分を成敗する。神風連の乱は、その後、政府軍によって鎮圧され、多くの者が戦死・斬首された。お国のために働くことの大切さを語る浪曲。

◎「近衛篤麿」《菊池寛・初代松風軒栄楽》〔現代篇〕
日本の政治家で貴族院議長を務めた近衛篤麿の話。

近衛篤麿は東亜同文会、国民同盟会などを組織、アジア主義の思想を主唱、対ロシア主戦論を唱えた。長男文麿は内閣総理大臣。この浪曲では、若い頃の豪放磊落な姿を描き、軍国の英傑として篤麿、文麿と代々天皇に仕えたことを高らかにうたいあげている。

◎「涙の舟唄」《長田幹彦・寿々木米若》〔現代篇〕

温泉ホテル浴風園の内芸者・愛香とその弟の物語。

愛香は軍事景気でもうけた成金の古澤から身請を迫られる。愛香は古澤を嫌い、「今の日本は国を挙げ、大君のため益良男が、命捧げて支那の空、銃後の民を心して、新体制の旗の下、ともども進む非常時に、いくら正しい利益でも、私ごとや色酒に、湯水とつかうは何事です」「みんな一つよ国のため、忠と愛の固まりが、火華と燃えて、闇照らす、東亜建設の炬火」と説教する。

愛香は松原から流れてくる故郷の舟唄の尺八の音色を聞き、弟や故郷を思い出し、女将に身の上を話す。実家は遠洋漁業の失敗から没落。父も母も苦労が積り死んだと言う。弟は少年航空兵を志願する。愛香は芸者になることを隠し金を工面したが、そのことを知った弟が姉が身を落としたのは自分の良心に恥じると航空隊をやめると言いだした。

愛香は「姉さんの折角の犠牲を無駄にしないで」「一日も早く仕合せになれるよう努力しましょう」と手紙を残し、「堅気」になれるまで会わないと誓う。それ以後二人は音信不通になっているのだった。

女将は話を聞いて、自分の養女にならないかともちかける。女大将も自分の商売を恥じて、

「堅気」になりたいという。「若い殿方はみなさん、生命をすてゝ戦線に出ていらっしゃる。銃後の私達も一心同体、日本の国中が、すっかり量見を入れかへて起ち直ろうといふ時に、お酒や色気がもとでのこの商売、こんなことをしていて果たしてい丶のだろうかと」。愛香は泣いて喜ぶ。

愛香は尺八で舟唄を吹いている水兵が盲目であることを知らされ、その水兵が弟かも知れないと思い、海軍温泉療養所を訪ねる。やはり弟だった。両目を負傷しているが、もうすぐ全快するという。弟は傷が治ったら、再び「誉の前線」に出ていくことを、感激の涙を流しながら姉の愛香に話す。

◎「天下の糸平」《武田麟太郎・二代目玉川勝太郎》〔時代篇〕

明治時代に財界きっての大立物になった田中平八の青年時代の物語である。平八は筑波山で挙兵した天狗党の乱に加わり、乱が失敗したあと、剣に生きることを諦め、商売に生きることを決意する。

平八は天狗党の残党狩りから逃げるところを薩摩の大物・益満休之助に助けられる。江戸で隠れたあと、川崎宿の駕籠屋で駕舁として働くことになった。ある日、深川までお客を運ぶ途中で追剥が出る。平八が追剥を退治し、逆に追剥に駕籠を担がせる。平八はこのお客の冬木屋を後ろだてに、横浜港で貿易商の店を開き、巨万の富を得て、天下の糸平とうたわれ、財界きっての大立物となる。

◎「函館碧血碑」《長谷川伸原作・二代目広沢虎造口演》〔時代篇〕

幕末・明治時代の話である。

明治維新の時、旧徳川軍の榎本武揚たちは函館の五稜郭で新政府軍とたたかい敗れた。賊軍とされた旧徳川軍のおびただしい遺体は埋葬されず放置されていた。それを哀れに思った函館の侠客・熊川熊吉は、実行寺住職・松尾日隆、大工棟梁・大岡助右衛門と相談して子分たちに命じて仮埋葬をした。

賊軍の慰霊を行ってはならないとの明治政府の命令に反した熊吉は追及を受けたが、新政府軍の薩摩藩士・田島圭蔵は「こういう男を死なせてはならない」と、熊吉の打ち首を取り止め、無罪釈放をした。「函館碧血碑」は、この事実を長谷川伸が浪曲の原作として創作したもの。人情物というより、官軍の素晴らしさと明治政府を美化するものとなっている。「函館碧血碑」では、新政府軍の田島圭蔵を黒田了介（清隆）としている。

◎「桜ふぶき」《長谷川時雨・初代春野百合子》〔時代篇〕

戦国時代の烈女・お勝の物語である。

織田信長の弟・信行の家臣に津田八彌という美男で優秀な家来がいた。主人信行はこれまた美女のお勝と津田八彌とを縁組させることにした。しかし、八彌に対する信行の寵愛を妬む家臣がいた。信長公からの附家老で、信長の執権柴田勝家の甥で信長の重臣・佐久間玄蕃の弟の佐久間七郎左衛門である。

信行の御前で八彌とお勝が「女夫《みょうと》になれ」といわれて盃をかわした晩に、七郎左衛門は八彌を闇討ちし、美濃国の斎藤道三の所に立ち退いてしまった。

お勝は夫となるはずだった八彌の仇討のために、斎藤家に潜入しようとしていた時、一人の尼と会う。尼は小百合と云って、実は八彌の隠し妻だった。小百合も七郎左衛門を夫の敵と思っていたが表立って討つことができない。小百合はそのことを打ち明け、八彌が殺された時に落ちていた証拠の七郎左衛門の短刀をお勝に渡し、敵を討ったら菩提を弔うと約束する。

お勝は、ちょうど狩に来ていた斎藤道三の息子・龍興と出会い、小百合と名乗って、上手く斎藤家に入ることに成功する。龍興と龍興の母（道三の妻）・門田はお勝を気に入る。

春の騎射（馬に乗った状態から弓で矢を射ること）の催しがあり、七郎左衛門も出ると知ったお勝は自分も加えてもらうことを願い出る。騎射の日、お勝の老僕・五平や龍興の家臣の小笠原国吉の加勢もあり、見事に仇討をする。

七郎左衛門は織田家の預人《あづかりびと》。お勝を斎藤家に置いとくわけに行かず、門田は龍興と相談して国吉の従弟・大須賀康高のいる、徳川家康の領地・岡崎へ落とす。

桜散る春の宵。お勝がかくまれている岡崎場内の部屋に奥女中たちが来て、尾張の信長からお勝を差し出せと厳しい追及があるが、家康は「古来稀なる列婦、今の世の鑑ゆえやらぬ」と仰せられたと話す。

そのあとで、小百合がやってくる。お勝は自害する決心を伝える。小百合は止めるがお勝は自害する。弟の七郎左衛門を殺された佐久間玄蕃は二人の家臣を岡崎に侵入させて、お勝を討とうとしたが、徳川側に捕まって斬り殺され、大手前の松原に梟首《きょうしゅ》（さらし首のこと）になった。

さらし首の高札のところで信長方の池田三左衛門と家康方の大須賀康高が行き会い、家来たちが言い争う。康高はお勝が自害したことをのべ、信長に遺書を見せ、これまでの怒りをなだめるために使者に行くことを伝える。

お勝の自害は、「美濃の斎藤家、織田と徳川家の確執、主家兄弟の争いを解く」ためのもの、両家の争いを未然に防ごうとの「義」であった。夫と家に尽し見事に義をえらんだと讃える。物語として面白いし良くできたものだが、当時の政府・軍部も、夫が戦地にいる銃後の妻として、国と家を守る「良妻賢母」を奨励するものとして歓迎した。

◎「大場鎮《だいじょうちん》の一夜」《佐藤春夫・梅中軒鶯童》〔現代篇〕

大場鎮は中国・上海の南方の地域。あたり一面は何もない平野。中国側はクリークをつくり、防御の態勢。日本軍は溝につかりながら攻撃に向かう。途中で赤ん坊の泣き声を聞き、一軒の農家に。農家には赤ん坊しかいない。赤ん坊の胸のあたりには一枚の紙片。日本軍の伝単の文句と同じ、「中国民衆は朋友」「日本軍は朋友」という親愛の言葉が書かれている。この赤ん坊の兄が様子を見に来る。日本軍を信頼していることがわかる。父親は戦に出たきり消息がなく、母親は中国軍の部隊長に連れ去られたのだった。取り調べに来た隊長の石田中尉のはからいで日本軍は中国人の赤ん坊とその兄の少年を保護することにした。

少年は中国軍は無力と無頼で、偉い奴ほど悪いと言い、それに比較して皇軍兵士の堂々たる態度と正義は素晴らしいと賛美し、日本の文明の高さを知ることが出来ると述べる。戦は激化し石田中尉の戦死が伝えられたが、余命を保ち野戦病院にいることがわかる。恩を感じている少年は野戦病院に行ったが面会は出来なかった。しかし、生きているという事実は確かめられた。

石田中尉は、命だけはとりとめたが手足は利かなくなった。その中尉の身辺に手足となって仕えている一人の支那（中国）人の少年。あの少年だった。少年は石田英夫と名乗って日本人となるため日本に渡来し、石田中尉の家に住み、新しい亜細亜の建設のために学問に志すという軍事美談。

◎「大楠公夫人」《吉川英治・吉田大和之丞》〔時代篇〕

【資料1】 愛国浪曲大会での演目（あらすじ）

南北朝時代の話。

楠木正成・正氏（正成の甥）が戦死した後も、足利と楠木の争いは絶えなかった。足利方の大将山名時氏の家来の漆間蔵六は、薬売りに化けて楠木方に潜入する。蔵六の息子・小四郎綱高が楠木方と争った時、捕虜になり、楠木側に寝返ったという消息があった。そのために漆間蔵六の一門は汚名をとなっていた。そこで小四郎の首を切って一門の汚名を拭おうと潜入したのだった。出陣の騒がしい中、蔵六は息子・小四郎の姿を見つける。

小四郎は、大地に両手をつき、なぜ楠木家に随身したのかを話す。合戦で楠木方に追い詰められ、断崖から深い淵に堕ちてしまう。助けられるが、それは味方の足利方でなく楠木方であった。

首を切られると覚悟したが、その時の楠木方の若い大将・正行（正成の息子）は、「焚火たかせて火にあたれ、肌着を乾せ。この寒さ、飢えたるものは粥を食え、武士は相見互いぞよ、勝も負けるも時の運。逆臣なれど主のため、命を的のこの戦さ、妻もありなん子もあらん、とくとく京へ帰れよとの、厚き情けの御言葉……」。手負には馬まで下され、半数は京都へ帰ったが、残る半数は降伏し正行の下で働くことになった。小四郎もその一人であった。

父の蔵六は「恥をしれ。二君に仕える心か！」と怒るが、小四郎は「二君とは誰と誰。この日本には君たる御方は、主上御一人。足利殿の戦は乱です」ときっぱり。

戦場の敗戦の知らせとともに正行と正時の遺物が届く。喪服姿で現れたのは大楠公夫人の久子。久子の面にも、母に従う兄弟たちの目にも涙はない。自分たちもやがて赴く殉国の日を思って強烈な意志と誓いを示していた。

その姿を見た漆間蔵六は慟哭し、小四郎の手を握り、「わしが間違っていた。わしはこの眼に、はじめて本当の人を見た。いや、神を見た。日本という国を見た」――蔵六も楠木方に馳せ参ずる、大君の大義に死ぬ覚悟をしめした。

◎「国難」《加藤武雄・三代目吉田奈良丸》〔時代篇〕

蒙古来襲の時、神風がふいたという逸話の物語。

日蓮の言っていたとおり蒙古が襲来するらしいとなり、時の執権・北条時宗は佐渡に流されていた日蓮を呼び戻し、蒙古と対峙する覚悟を決める。日蓮の言うとおり、文永十一年十月、蒙古が来襲する。各地の軍兵が博多に集まる。「いざ国難かという時は、一切を忘れてたゞ一筋に奉公の義に富む、これが日本人の日本人たるところ」。神風が吹き、それに勇気をもらった日本軍が蒙古を追い払う。

それから四年。弘安四年の夏の頃、再度の蒙古来襲に遭う。今度はその数十余万、三千余艘。この時もまた神風が吹き起る。「生きて帰るものたつた三人。敵ながらいさゝか気の毒じや」。「千代の松原、常盤の緑、聳えたつたる元寇の、記念の像は畏くも、上皇様の御姿、そのお隣には日蓮聖人、赤い心を墨添えの法衣に包んだ大忠臣」「敵国降伏の大誓願、不死の雄魂神州の、国永へに安かれと、祈る姿ぞ頼もしき」。神国日本を強調する浪曲である。

◎「血を嗣ぐもの」《久米正雄・冨士月子》〔現代篇〕

負傷した兵士の落合と看護婦の千代との交流の物語。

落合は千代の献身的な介護と輸血により生き延びる。落合は礼を言うために、千代が婦長として赴任した南京の病院へ行くと、千代は一カ月前にコレラで死んでいた。

落合は千代の墓の前に「血の恩」を思い、「君に代わって一身を、興亜の業に捧げる」とあたりかまわぬ「男泣き」をして血を受け嗣いでお国のために尽すと誓うのだった。

◎「東天紅」《浜本浩・初代京山幸枝》〔現代篇〕

東天紅を可愛がる松山上等兵の物語。

東天紅とは鳴き声が良く、声良、唐丸とともに日本三大長鳴鶏の一つとして天然記念物に指定された鶏。松山上等兵は入隊前に東天紅の雛をもらい飼う。出征前に逃がしてやると、出征祝いの最中にどこからか飛んできて肩にとまる。そのことが忘れられない松山は帰還後、東天紅を育てる。妻は自分をないがしろにして東天紅ばかり可愛がる夫にやきもちをやく。

ある日、妻は「東天紅を絞め殺したら、夫が自分の方を向いてくれるのではないか」と東天紅の駕籠近くに行くと、東天紅を見つめる男の子に出会う。近くの板井家の息子だった。

父親は戦死して病弱な母と二人きり。事情を聞くと、戦死した夫の坂井上等兵と松山上等兵は同じ戦地にいたことがわかる。敵の攻撃で坂井は戦死。その時は名前は不確かだったが、その現場に松山もいたのだった。

松山の妻は、命をお国のささげた遺族を助けなくてはと東天紅に嫉妬したことを反省、銃後の国民の在り方に気づく。ある日、宮殿下が松山の東天紅を見て、松山上等兵と坂井上等兵の息子に声をかける。東天紅の声が響き渡る。

◎「民族の祭典——諏訪湖の蘆」《富澤有為男・初代京山小圓嬢》〔現代篇〕

一九三六年のベルリンオリンピック大会で日本人として金メダルをとった朝鮮人・孫基禎の話。

韓国併合の時代、朝鮮人は日本人として扱われた。孫は信州の下諏訪のお店に奉公に行く。そこで足の速さにびっくりされる。しかし、店が傾き、孫は店を去る。

十七歳の時、明治神宮の五千メートルの予選で二着。その後、オリンピック・ベルリン大会に出場し、見事に金メダルをとる。朝鮮人なのに日本人が金メダルをとったとされた。日本の朝鮮支配が生み出した問題だが、ここでは、日本の誇りとされている。

◎「まごゝろ」《倉田百三・宮川松安》〔時代篇〕

【資料1】 愛国浪曲大会での演目（あらすじ）

倉田百三は愛国浪曲であっても観音信仰とそれによる奇跡の話をテーマにしている。大阪・中座の口演では「まごゝろ」となっているが、『愛国浪曲になった名作小説』では観世音信仰と父娘の愛情を描いた「お礼参りする親子」となっている。

按摩の港市の娘のお加代は仕事先の菅原屋で三十両の金を盗んだとの罪に問われる。これは横恋慕してお加代に振られた手代の才八が仕組んだものだった。盗みをしていないのに、お加代は罪を背負い、三十両の金をつくるために女郎屋に身を売ることを決意する。観音信仰をしているお加代は、災難は先祖の罪の縁であり、その「因縁切り」をすることにしたのだ。

身を売った松原遊郭の満春楼の姉女郎・かきつのなじみ客は、菅原屋の勘当になった息子の修三郎だった。かきつはお加代が菅原屋で無実の罪になってこの満春楼に売られたことを話す。そこから真実がわかる。三十両を盗んだのは修三郎の母親だった。勘当になった修三郎が借金をつくり、その金を母親が工面するため盗んだのだった。

おり悪く、盗んだところを手代の才八に見られてしまい、才八が仕組んだお加代に罪をきせるための悪だくみの片棒を担いでしまったのだった。

お加代の罪は晴れた。これも観音菩薩のかおげと仏名をとなえた明け方、父の港市の目が見えるようなる。お加代と港市はお礼参りの巡礼に出る。巡礼から戻るとお加代は出家して尼になることを父に伝える。

◎「少年街の勇士」《竹田敏彦・二代目日吉川秋水》〔現代篇〕

紙芝居をしていた獅子内上等兵と木島少尉の物語。

戦地に行く前、木島少尉の弟は、用水路に落ちた所を紙芝居の獅子内に助けられる。木島は教育者で、紙芝居は低俗なものとして忌み嫌っていた。しかし、紙芝居の内容は、「健気な少年が、お国のために木に登って敵状を偵察して戦死する」話だった。木島は紙芝居を低俗なものと誤解していたことを反省する。

戦場でこの二人が交流。獅子内の所に、紙芝居を見ていた少年たちから手紙が届く。手紙には「小父さんの教えを守って、お国の役に立つ立派な人にならなければならないと、みんなで約束が出来ました。小父さん、どうぞ喜んで下さい。そして一生懸命お国のために働いて下さい。皆で小父さんの万歳をさけびました」と書いてある。

しかし、獅子内上等兵は銃撃戦で戦死。死ぬ間際に、木島少尉に託したのは、この戦場を描いたかきかけの紙芝居。それを渡すと「天皇陛下万歳」と死んでいく。忠烈悲壮の大和魂。

「木島少尉が凱旋して再び故郷金沢で、子共集めて勇ましき、わが日本の真心日記あのあこがれの紙芝居、おっさんならぬ獅子内上等兵、身をもて描きし斥候美談、涙とともに教壇から、語るその日は遠からじ、語るその日は遠からじ……」

【資料2】　その他のいくつかの愛国浪曲（あらすじ）

◎「荒地」《大木惇夫・三代目廣澤虎吉》〔時代篇〕

「荒地」は、満州事変が起きる直前に起きた吉野村の保田と府川という隣部落同士の争いにまつわる話である。

府川部落は三年前の飢饉の時、小競り合いの揚句、荒地を開拓した保田部落の田地の土を湖水へ放り込み元の荒地にしてしまった。その仕返しに、こんどは保田部落が府川部落で育った稲を根こそぎ台無しにしようとしていた。

それを知った保田部落の五兵衛の娘・お露が必死に止めようとするが、府川部落の稲は青田刈りされてしまい、実行者は暴力行為取締法違反で逮捕される。府川部落の源蔵の息子・泰助（お露の恋人）は、「昭和の大御代に、血と血で争う不祥事は、東亜に誇る国として、陛下に対して相すまぬ」と、部落間の争いを解決したいと思っている。

お露は、部落同士の争いに苦しみぬいて自殺してしまう。その数年後、荒地となっているその土地を、保田部落の泰助とその親友で府川部落の松吉が力をあわせて元に戻そうと鍬を入れている。

この姿こそ百姓の本来の姿だ。それを見た保田と府川の人たちは、「今、日本は大勢の人達が命を捨てて戦っている。わずかな穀物でも実に大切な時なのだ。それなのに、つまらないことで日本人同士がお互いに喧嘩なぞしたりして……何とも申し訳がない」と自分たちが間違っていたことに気づく。

村人同士がこれまでの感情を捨てて天皇陛下のために滅私奉公の実践をするという物語である。

◎「近江商人」《土師清二・日吉川秋斎》〔時代篇〕

「近江商人」は、江戸時代の近江商人・小林屋の心意気の美談。

大阪から早駕籠で知らせに来た番頭の総兵衛から、取引先の伊勢屋が大損で破産せざるを得ないと知る。小林屋が裏書した為替手形が三十万両もあり、小林屋も没落を覚悟する。主人の吟右衛門は、店が危ないというのに、総兵衛をねぎらって風呂に入れ、寝間には炬燵も入れる。有難いと総兵衛は涙を流す。

耳をすますと御寮人（奥方）が泣いている。中番頭の利助も泣いているので事情を聞くと、御寮人が主人の酒の肴の為に池の鯉をとろうとしたが、厚い氷が張っていてとれないので、川魚屋で鯉を買った。そのことを知った主人が「無駄遣いするな。商人の女房がそんなことで店のしめくくりができるか」と叱った。この機でも商人の魂を忘れない。利助が泣いていたのは、御寮人のことでなく、掛け取りに行った四百七十何両を追剥に取られてしまったからだ。

だが主人の吟右衛門は叱るどころか、「一杯飲め」と利助の無事であったと祝ってくれたのだった。総兵衛は「こんな主人が又と世に、二人とあってよいものか」と心に思う。

最後の頼みとして大阪きっての大富豪の平野屋にすがる。大阪に戻った番頭の総兵衛は平野屋の主人・平左衛門と会うと、あらいざらいに話し、利助のこと、自分のこと、御寮人のこと、涙で主人の親切、商人魂を語る。

この話に平野屋・平左衛門が感動。小林屋・吟右衛門の商人魂の話を抵富《かた》に三十万両を用立て、小林屋は破産を切り抜ける。

商家の主人と奉公人の美談であり、主人を敬い尽くすことが「忠君愛国」を意識しているのだろうが、愛国浪曲ならぬ近江商人の心意気の人情話となっている。

◎「雲に鳥無常剣」《三上於菟吉・広澤晴海》〔時代篇〕

「雲に鳥無常剣」は、幕末の井伊直弼大老の彦根藩で起きた物語。

馬廻り役・新川良之介の妻・早苗の弟、小姓組青田縫之進は、水戸学の感化を受けて、秘かに勤王の浪士と混じっている。帝（天皇）こそ主であり、征夷将軍（徳川）とて大番頭、井伊家はさらにその大番頭ではないかと思っている。そのことを諫めようした義兄の新川良之助たち三人と切り合いになり、縫之進は三人を斬り殺し脱藩。京都の薩摩屋敷に身を潜める。縫之進には同年配の三人が上意討・討手として差し向わされる。

縫之進には、家老の岡口家の娘・笹世という事実上の許嫁がいる。笹世は胸を痛めるが、縫之進のために討手のことを知らせなくてはと決心し、乳母のお吉と家出し、西をめざす。

縫之進の居場所がわかった笹世は、討手のことを「投げ込み文」で知らせる。縫之進は討手の三人を無常の剣で返り討ちにする。

急ぎ足でその場を去る縫之進に駆け寄る笹世。投げ込み文は笹世と知ったが、縫之進は、彦根の方々とは、物言わぬ決心をしたとして、笹世と乳母お吉の二人から遠ざるのであった。

翌朝、京を立った縫之進。夕晴れの空に鳥一羽、黒く舞うのをじっと眺め、笹世どの、人の一生ははぐれ鳥のようなものですねと呟く。帝（天皇）に捧げる幕末の物語。

（この項、すでにお断りしたが、本文と重複するものがある。了解いただきたい）

あとがき

子供の頃から歴史と落語が好きで、いまでは落語、講談、浪曲、漫才などの日本の話芸の歴史を研究している。その一つに戦時下の演芸についての研究もある。

きっかけは、若い時に、ベトナム戦争があり、平和と戦争についていろいろと考えていた時に、好きだった八代目林家正蔵（のち彦六。戦時中は五代目蝶花楼馬楽）や六代目三遊亭圓生などの名前で発表されている国策落語があること知り、びっくりしたことだ。作者は違うようである。圓生・正蔵の全集にも掲載されていない。

国策落語・禁演落語の研究については、二〇一〇年十一月に『はなし家たちの戦争――禁演落語と国策落語』、二〇二〇年二月に『国策落語はこうして作られ消えた』を出版した（いずれも本の泉社）。

落語だけでなく研究を続けてきた浪曲・講談・漫才など戦時下の演芸全般についての本も出版したいと思っていた。その背中を押されたのは、「まえがき」で述べたように、「落語だけでなく、他の演芸もどうなっていたのか」の読者の声と、二〇二二年八月十五日、終戦七十七周年の日に、演芸作家の稲田和浩氏や脚本家・プロデューサーの亀和夫氏が企画した新宿

・ガルロチ寄席「プロパガンダへの道〜いまだから語らなければならない国策演芸と禁演落語」に出演し、「戦時下の国策演芸と禁演落語」について話したことだった。

戦時下の演芸を調べて分かったことの一つは、「どうして戦前、多くの国民が戦争に賛成してしまったのか」「国民が戦争に総動員されてしまったのはなぜか」である。

もちろん、絶対主義的天皇制のもとでの政府・軍部による「戦争に反対する勢力」への凄まじい弾圧があることはいうまでもない。が、国民の意識を戦争賛美・戦争協力に導く思想攻撃（当時の政府・軍部のいう「国民への思想戦」）と、メディアの果たした役割の重大さである。

寄席・演芸もそのメディアの一つである。国策落語・禁演落語、愛国浪曲、忠君愛国の講談、国策漫才……調べれば調べるほど、戦争遂行に協力する演芸のオンパレードだ。寄席、演芸会、ラジオ、雑誌、落語本、新聞……。「やめてくれ」と演芸を愛する者として目と耳を塞ぎたくなる。

しかし、これが事実であり、日本が戦前に犯した戦争の黒い歴史である。演芸界にとっては負の歴史であるが、目・耳を塞ぐことは出来ない。「新しい戦前」にしないためには塞ぐわけにはいかないのである。

現在の日本は戦前と似ているといわれる。「まえがき」でも述べたが、「軍事対軍事」を煽る論調が政治家やメディアから流されている。戦前と似ている現象だ。たしかに似ている。だが、違いもある。

戦時下の演芸を研究してわかったことのもう一つは、今日の日本では「戦争を止めることが出来る」という希望があることだ。戦前の日本は主権が天皇にあったが、いまは国民に主権がある。戦争を起こすのも起こさせないのも主権者の国民が決めることである。

日本国憲法には憲法九条があり、国民の中には平和を願う大きな潮流がある。「九条の会」は全国津々浦の地域・職場・分野に広がっている。演芸界にも、あまり知られていないが、「芸人九条の会」がある。二〇一五年に東京・浅草で旗揚げし、東京・大阪で公演。それぞれの芸人が自らの芸を披露し、笑いを通じて平和の大切さ、九条の重要性を訴えている。二〇二三年十一月六日にはその第十六回が東京・築地で開催された。出演者を紹介すると、ピン芸人・松元ヒロ、落語家・古今亭菊千代、講談師・神田香織、カンカラ三味線の演歌師・岡大介、漫才・おしどり、在日韓国人ミュージシャン・パギやん、お笑いタレントでシンガーソングライター・オオタスセリである。

「九条の会」だけではない。平和を願う演芸人、国民や団体は大勢いる。戦争に反対し平和を追求している政党や政治家の存在もある。

世界ではASEANなど「軍事対軍事」でなく「戦争をしないための話し合い」「外交」を求める動きが強まっている。ロシアのウクライナ侵略に加えて、イスラエルによるパレスチナ・ガザへ大規模攻撃が起き、多くの死傷者が出て深刻な事態となっている。この事についても、世界では、「ジェノサイドを許すな」と即時停戦を求める声が広がっている。

日本でも世界でも平和を求め人々の方が多いのである。一部の人々・政治家や大国の思惑で戦争を起こしたり、拡大させてはならない。戦争を止めるのは人間一人ひとりの心と行動だ。平和を願う人々と連帯し、今こそ平和の声を強く大きくしていく必要がある。

そのためにも、戦前の日本が侵略戦争をどうやって起こしたのかをよく知り、伝えていく必要があるのではないか。

落語などの演芸を愛するがゆえに、演芸界の負の歴史を直視し、語りつづけていきたいと思う。

堅苦しい「あとがき」になったが、平和を願う運動でも、私たち国民の日常生活でも、笑いは楽しい活力である。ぜひとも寄席や演芸場、演芸会に足を運び、大いに笑ったり泣いたりしてほしいと思う。戦争は〝笑いも〝泣き〟も嫌ったが、平和は〝笑い〟も〝泣き〟も大好きなのだから。

最後に、出版にあたってお世話になった友人の文芸評論家・新船海三郎氏と出版社の皆様、この本を読んで下さった人々に感謝申し上げます。

二〇二三年十二月　　柏木　新

【参考文献】

戦前の「都新聞」「東京朝日新聞」「朝日新聞」「讀賣新聞」
『オール演芸』一九四〇年九月号（オール演芸社）
『獵奇』No.4　一九四七年五月五日発行（茜書房）
正岡容『随筆　寄席風俗』（三杏書院、一九四三年）
古川ロッパ『昭和日記・戦中篇』（晶文社、一九八七年）
徳川夢声『夢声戦争日記』（中公文庫、一九七七年）
有吉光也・淀橋太郎・滝大作編『強いばかりが男じゃないと いつか教えてくれたひと——笑いの王様 シミキン』（リブロポート、一九八五年）
『放送研究』（日本放送協会、一九四二年）
宮本吉夫『放送と国防国家』（日本放送出版協会、一九四二年）
竹山昭子『史料が語る太平洋戦争下の放送』（世界思想社、二〇〇五年）
『放送研究と調査』（ＮＨＫ出版）の大森淳郎「シリーズ 戦争とラジオ」（二〇一七〜二〇二一年）
小島貞二編著『禁演落語』（筑摩書房、二〇〇二年）
柏木新『はなし家たちの戦争』（本の泉社、二〇一〇年）
柏木新『国策落語はこうして作られ消えた』（本の泉社、二〇二〇年）
正岡容『正岡容集覧』（仮面社、一九七六年）
正岡容『定本正岡容寄席随筆』（岩波書店、二〇〇六年）
柳家金語楼・三遊亭金馬・林家正蔵『名作落語三人選』（東洋堂、一九四一年）
『新作落語名人三人集』（室戸書房、一九四三年）

戦前の雑誌『キング』『講談倶楽部』（大日本雄弁会講談社）、『文藝春秋』（文藝春秋社）
梅中軒鶯童『浪曲旅芸人』（青蛙房、一九六五年）
正岡容『定本 日本浪曲史』（岩波書店、二〇〇九年）
真鍋昌賢『浪花節――流動する語り芸』（せりか書房、二〇一七年）
唯二郎『実録浪曲史』（東峰書房、一九九九年）
『志ん生復活！　落語大全集』（講談社ＤＶＤブック、二〇〇四～〇五年））
『定本講談名作全集』（講談社、一九七一年）
松島栄一『忠臣蔵――その成立と展開』（岩波新書、一九六四年）
井上宏編『放送演芸史』（世界思想社、一九七七年）
『放送五十年史』（日本放送協会一九八一年）
『日本放送史　上』（日本放送協会、一九六五年）
小島貞二『昭和演芸秘史』（講談社、一九八一年）
藤田富美恵『秋田實――笑いの変遷』（中央公論新社、二〇一七年）
秋田實作、藤田富美恵編・解説『昭和の漫才台本』（文研出版、二〇〇八年）
小島貞二『漫才世相史』（毎日新聞社、一九七八年）
『昭和十五年度 壮丁思想調査概況』（文部省社会教育局、一九四一年）
『情報局関係極秘資料』（不二出版、二〇〇三年）
経国文芸の会編『愛国浪曲になつた名作小説選』（大和書店、一九四三年）
経国文芸の会編『愛国浪曲台本集』（大和書店、一九四二年）
戦前の落語・浪曲・漫才のＳＰレコード

柏木　新（かしわぎ・しん）
一九四八年生まれ。話芸史研究家・演芸評論家。歴史学研究会会員。
著書に『はなし家たちの戦争』『落語の歴史』『落語こぼれ話』『国策落語はこうして作られ、消えた』『明治維新と噺家たち』（いずれも本の泉社）、柳家さん八『実録噺「東京大空襲夜話」』（新日本出版社、インタビューと解説）など。

戦争《せんそう》と演芸《えんげい》

〝笑《わら》い〟は嫌《きら》われ、〝泣《な》き〟も止《と》められ

二〇二四年一月一七日　第1刷発行

著　者　柏木　新

発行者　岡林信一

発行所　あけび書房株式会社

〒167-0054
東京都杉並区松庵三-三九-一三-一〇三
Tel　03(5888)4142
FAX　03(5888)4448

制　作　編集工房「海」

印刷・製本　モリモト印刷

Printed in Japan　ISBN978-4-87154-249-4 C3076

あけび書房の本

PTSDの日本兵の家族の思い

PTSDの復員日本兵と暮らした家族が語り合う会編　「あったことをなかったことにしたくない」。〝記録〟されなかった戦争のトラウマ。戦後も終わらない戦争の〝記憶〟を生きた元兵士の存在。家族の証言で史上初めて日本社会に投影する。

1320円

震災の後、コロナの渦中、「戦争」前に

翻弄されるいのちと文学

新船海三郎著　「パンデミックとシェイクスピア、あるいは石井四郎軍医中将」「日中戦争と五味川純平」…。3・11と福島原発事故、パンデミックに攪拌される差別意識、「新しい戦前」のきな臭さを、文学作品から問いかける評論を収録。

2200円

〝笑い〟は奪われ、〝泣き〟も止められ

落ち穂ひろい

碓田のぼる著　90歳を超えた歌人の回想エッセイ。恩師を思い起こし、歌友を訪ねる。順三がいて、啄木がいる。回想は、過去の時系列に規制されながら、同時に「現在」と「未来」を抱えている。

1210円

自選随想集

行不由徑

中道操著　原発で重大事故が起こってしまった際にどのようにして命を守るか。放射線を浴びないための方法など、事故後のどんな時期に何に気を付ければいいかを説明し、できる限りリスクを小さくするための行動・判断について紹介する。

1870円